本书为 2020 年河北省社会科学发展研究重点课
融合理论下比尔·波特《老子》译释研究"
2021 年河北省高等学校人文社科重点项目"英国
中闵福德《道德经》英译研究"（SD2022087）研究成果

基于文化语境的《老子》英语译释研究

赵志刚　曲　炎　王珍珍◎著

燕山大学出版社
·秦皇岛·

图书在版编目（CIP）数据

基于文化语境的《老子》英语译释研究 / 赵志刚，曲炎，王珍珍著. —秦皇岛：燕山大学出版社，2022.4

ISBN 978-7-5761-0295-6

Ⅰ. ①基… Ⅱ. ①赵… ②曲… ③王… Ⅲ. ①道家 ②《道德经》—译文 ③《道德经》—注释 Ⅳ. ①B223.1

中国版本图书馆 CIP 数据核字（2022）第 043228 号

基于文化语境的《老子》英语译释研究

赵志刚　曲炎　王珍珍　著

出 版 人：陈 玉	
责任编辑：张 蕊	策划编辑：张 蕊
责任印制：吴 波	封面设计：刘馨泽
出版发行：燕山大学出版社 YANSHAN UNIVERSITY PRESS	地　　址：河北省秦皇岛市河北大街西段 438 号
邮政编码：066004	电　　话：0335-8387555
印　　刷：英格拉姆印刷(固安)有限公司	经　　销：全国新华书店
尺　　寸：170mm×240mm　16 开	印　　张：10.5
版　　次：2022 年 4 月第 1 版	印　　次：2022 年 4 月第 1 次印刷
书　　号：ISBN 978-7-5761-0295-6	字　　数：150 千字
定　　价：52.00 元	

版权所有　侵权必究

如发生印刷、装订质量问题，读者可与出版社联系调换

联系电话：0335-8387718

自　　序

《老子》文本的生成及其在全球的传播离不开具体的文化语境。本书的研究主要涉及两个层面、三个维度。两个层面主要是指《老子》文本在语内的阐释层面和语际译释层面。三个维度包括：《老子》文本、历代对《老子》的注疏、《老子》在英语世界的译释。具体来说，本书一是从《老子》中文文本入手，尝试从《老子》文本的生成以及作者所生活的时代语境出发对其考镜源流，探析其隐匿的文本发生轨迹，尽可能地还原老子思想的真貌。二是从我国不同历史时期《老子》的注疏入手，考察不同注家结合时代语境对老子思想进行的阐发以及老子思想的流变。三是以《老子》英译本为研究中心，结合比较文学变异学原理，追索老子思想在跨文化语境中发生的变化，从而厘清老子思想在异质文明中的发展理路和演变形态。

本书具体研究内容分为三部分。

一、老子思想生发及演变的历史文化语境研究

在理论建构的基础上，本书尝试将文化语境分为地域文化语境、社会文化语境（包括政治文化语境和经济文化语境）和传统文化语境三个层面对老子思想进行发生学立场上的探讨，重点把握作为多元文化滋养的老子思想是如何生成的。此部分重点考察老子思想在不同历史文化语境中所发生的变异及其成因。"变异"是在文化史学领域中的一个重要概念，是指文化在流动过程中由于文化语境的不同以及多元文化的碰撞与融合，使各

种对源文本的阐述在本质上产生一种"不正确的理解"(严绍璗语)。各种阐述便是源文本的"变异体"。基于此,我们可以说中国历代注家对《老子》的注解和阐释都是在源文本基础上生发的"变异体"。在老子思想发展史的历史画卷中,从战国后期各家对老子思想的"采、撮",到秦汉新道家、魏晋新道家、玄学学派和道教教士,到宋代大儒和老学帝王派(唐玄宗、宋徽宗和明太祖),再到晚清的中外饱学之士等等,他们为老子思想注入了各自所生活的时代的特色,也由此引发了《老子》文本的变异。对于历代《老子》注疏,我们可以将其纳入阐释学的"语内阐释"视域中进行研究。通过对老子思想语内"变异"过程的动态考察,探析并归纳各阐释者是如何将自身的"意识形态"和所处的文化语境熔铸到老子思想之中的。

二、老子人道思想在西方的接受与影响

老子思想将天道与人道合而为一,推天道以明人道。所谓"天道",是指宇宙天地万物运行的自然之道。与之相比,人类社会对人的行为的规约或道德伦理规范则被称为"人道",也是人在社会中的生存之道。16、17世纪时,与"西学东渐"相伴而生的潮流之一就是"老学西鉴"。随着《老子》在西方的译介和传播,关于老子思想的研究开始大量涌现。老子思想中蕴含的智慧被西方学者深入挖掘,并在西方社会多个层面产生了深远的影响。本书在梳理国内外老学研究的基础上,发现老子思想中关于人的存在价值、人与自然和社会之间的关系、人的行为准则等方面的论述引起了西方学者的极大兴趣,特别是近代西方的人本主义哲学和心理学与老子人道思想结下了不解之缘。

本章首先从《老子》文本中的"人道"思想入手,解析老子对"人道"理论体系的建构,梳理历代老学研究中对老子人道思想的多元阐释,从而为与西方人本主义的进一步对话打好基础。其次,从西方哲学史的发生和发展入手,追溯西方对人的存在意义的思考历程,重点考察人本主义思潮

产生和发展的情况，分析其进一步发展所面临的困境。最后，观照"老学西鉴"为人本主义哲学和心理学的发展带来的启发意义和深远影响。

三、文化全球化语境下的《老子》英语译释研究

在向异质文明传递的过程中，"老子"被翻译成多种语言，成为世界上除《圣经》外被翻译最多的文本。据笔者统计，仅英文版本就有230种之多。其中至少有三个版本属于"文本变译"，即译者完全按照自己的理解打乱了源文本的顺序，将不同章节的内容重新洗牌，按照主题进行分章。另外，西方阐释者将多元文化熔铸到老子思想中，为老子思想注入了新的内涵。由此，老子思想在异质文化和文明中形成了风格别具的"话语形态"。在文化全球化的背景下，老子思想的翻译策略逐渐由"归化"转向"异化"。本部分重点选取21世纪以来的三个重要译本——史蒂芬·霍吉、赤松（比尔·波特）和闵福德《老子》译本，从文化语境入手重点分析这三个译本中的多视域融合。"视域融合"是阐释学代表人物伽达默尔的核心理念。伽达默尔将"视域"这一概念引入阐释学，认为人们在对行为作出解释时，是带着自己的"前见"与文本"视域"进行碰撞的，从而形成一种融合。伽达默尔认为："所谓前见，主要指代的是在理解事物之前，先行对事物进行的解释，是解释者在确立文本真正含义之前所作出的见解。"（伽达默尔，2007：200）伽达默尔强调"视域融合"不是一成不变的。相反，"视域融合"是历史性和时代性的融合。任何视域都在发展变化，而历史文本视域需要被解释者扩展，赋予新的时代意义（伽达默尔，2004：396）。将"视域融合"理论应用在对翻译行为的分析中，无疑是一种有意的尝试。翻译是一种跨语言的阐释行为，译者不可避免地携带着自身文化和经历所形成的"前见"或前理解，在阐释文本时会与源文本中的"视域"相接触。因此，在把握文本意义的同时，不断进行新的"视域融合"，实现历史与时代、译者与文本的融合，同时通过译本，让读者与文本也实现新的"视域融合"（姚瑶等，2020：119）。伽达默尔认为："对一个本文或一部艺术作

品里的真正意义的汲取是永无止境的。它实际上是一种无限的过程。这不仅是指新的错误源泉不断被消除，以致真正的意义从一切混杂的东西中被过滤出来，而且也指新的理解源泉不断产生，使得意想不到的意义关系展现出来。"（伽达默尔，2004：385-386）本书尝试将阐释学中的视域融合理论、文化史学中关于"文化语境"的最新研究成果与文本发生学和比较文学变异学原理相结合，探索老子思想演变研究的新路径。"文化语境"的文本发生学研究视角有助于我们对老子思想追根溯源，"还原"老子思想的真貌，排解一些含混不清、模棱两可的概念；文化史学视域下的"文化语境"研究，可以让我们追索老子思想的发生和演变过程，了解不同历史时期不同民族和不同国家之间的文化碰撞和融合对文化传递造成的影响。通过对老子思想研究的发生学和变异学理论构建，可以更全面合理地描述、解释和分析老子思想的各种话语形态，从而使本领域研究清晰化、条理化和体系化。文化语境理论视域下的老子思想研究可以为跨文化研究提供全新的语料，对中华典籍的译介具有积极的借鉴意义，从而为中国文化"走出去"发展战略拓展全新的研究视域。希望本研究能对跨文化研究、比较文学和翻译等学科发展和教学起到一定的借鉴作用。

另外，本书在附录部分将20世纪末以来三个最为重要的《道德经》英译本的"前言"进行了翻译，旨在为老学研究者提供更多的有价值借鉴。在每个译本的前言，译者不仅交代了《老子》的成书背景和核心主张，而且重点介绍了各自的翻译目的和翻译方法，为我国的典籍翻译研究提供了宝贵的一手资料，是中外读者不可忽视的重要组成部分。燕山大学外国语学院2020级硕士研究生任高赏、朱佳莹、李艳薇、刘芸佳和2021级硕士研究生康承宇完成了部分翻译工作。

本书为2020年河北省社会科学发展研究重点课题"视域融合理论下比尔·波特《老子》译释研究"和2021年河北省高等学校人文社科重点项目"英国汉学视域中闵福德《道德经》英译研究"（SD2022087）研究成果。在编写本书的过程中，得到了燕山大学外国语学院领导、专家和同事的支持、指点和帮助。燕山大学外国语学院2021级硕士研究生康承宇对第一章和第二章的内容进行了整理，撰写了 5.1 万字。虽然我们在编写本书的过程中解决了一些难题，但因水平所限，难免有疏漏之处，请国内外专家不吝批评指教。

作者

2022 年 2 月 16 日

前言：老子思想中的生存智慧

虽然《老子》只有五千余字，但其思想窈冥深邃、蕴含丰富，对后世产生了深远的影响。中国历代诸多思想家、文学家和政治家将其与时代语境结合进行阐发，形成了纷繁驳杂的多元阐释景观。有学者考证从韩非解老到王弼注老，《老子》历经五变。从先秦、汉魏诸子之作至魏晋王弼，老学研究者多达170余人。至20世纪末，与老子思想相关的研究专著达1200余种，论说多达870余篇。老子思想被传播到世界各国，被翻译成28种语言之多，版本达1100余部，居外译汉籍之首。仅《老子》英译本就达180种之多（还有230种一说）。老子思想对西方社会影响深远，成为全人类共同的思想财富。

《老子》是先秦中华智慧的集大成之作，在文本中我们可以看到很多其他不同学派的思想主张，可见其文本的开放性、内容的广博性和吸纳性。《老子》一书是老子感时应事而作，蕴含着老子对宇宙万物运行原理的哲思和治世理想。有学者说，老子在构建自己的道论体系时始终是以社会为本位的。确实，在春秋战国时期，周文疲敝、礼崩乐坏、社会失序、民不聊生，老子在乱世中从天地自然之德推演救世安民之法，再从社会需求探究宇宙根源，从而为社会发展和人生安顿寻求了形上原理。虽然后世很多学者认为《老子》一书是一部关于"宇宙论"的著述，但老子"推天道以明人事"，其道论最终是为社会的长治久安服务的，体现了老子强烈的社会责任感和历史使命感。

在21世纪的今天，人类面临着巨大的生存危机。尤其在2020年春，一场突如其来的新冠肺炎疫情席卷了中华大地，人们的生产生活被打乱，成千上万人的生命被无情地夺走，整个人类社会为此付出了巨大代价，现代文明面临着空前的挑战。中国共产党和政府带领全国人民团结一致、共同努力，使得各地疫情逐渐得到有效控制。这场疫情让我们不得不反思：后疫情时期我们人类的命运该何去何从？现代文明将如何解决人类所面临的生存危机？

当我们跨越时空再次走进深远玄奥的老子思想时，发现《老子》中关于生存智慧的论述对于现代文明尤其是后疫情时期人类所面临的生存困境有着重要的启示意义和实践价值。

一、推天道：老子生存智慧的形上原理

在老子的道论体系中，"道"是一种形而上的存在。它"绵绵兮若存"（第六章），"湛兮似或存"（第四章），"惟恍惟惚""窈兮冥兮"（第二十一章），"独立而不改"（第二十五章），"无状之状、无物之象"（第十四章）。这些都是在论说"道"超然万物的形上特性。它无形无象，却"先天地生"（第二十五章）、"天下有始，以为天下母"（第二十五章）、"是谓天地根"（第六章）。在这里，老子将"道"建构为万物生存的本原和根据。道隐无名、似有还无、幽昧深奥，故谓之"玄"，"玄之又玄，众妙之门"（第一章）。

在老子看来，"道"是万物生发、成长的根本，"道"化生万物、养蓄万物，乃至复归万物。总而言之，"道"是万物的生存之根。老子尊道贵德，是因为"道生之""德蓄之"（第五十一章），这些都是自然而然存在的"应然之理"。因此，老子说"道常无为而无不为"（第三十七章）。

老子认为"道"的"周遍无遗、应物变化"，不可言说，因为"道"无所不备、蕴含丰富，任何称名都会"偏"，都会遮蔽事物的其他层面而不完备，所以只能"强字之曰道"（第二十五章）。世人只能去体悟这周遍全备的道，而无法界说之，所有界说出来的都不是"道"。因为"道"的无

法言说而老子又不得不说，所以老子通过天地之德来彰显"道"的重要。"天长地久。天地之所以能长且久者，以其不自生也，故能长生。"（第七章）这是老子为了言说"道"，从天地的角度来观察"道"，从而打破原来人们"以人为中心"的惯常做法。老子观天道，认为人们应该从"长久长存"的天道中得到启示，"以其无私"，"故能成其私"（第七章）。接着，老子说："人法地，地法天，天法道，道法自然。"（第二十五章）在这里，老子建构了人、天地和道之间的内在关系，认为人应该效法天地之德，而天地之德即是"道"在万物中的彰显，是"自然而然"的应然之状。老子强调人应效法"天道"，其论述也从形上体悟转而回到"得道"的"圣人"和"侯王"身上："是以圣人居无为之事，行不言之教。"（第二章）"是以圣人……为无为，则无不治。"（第三章）"道常无为而无不为。侯王若能守之，万物将自化。"（第三十七章）在这些论述中，老子都是先言天道，以天道为铺垫继而引出圣人侯王之道。

天道的境界是"自然无为"。要想达到"无为"的境界，就要"为学日益，为道日损，损之又损，以至于无为（第四十八章），"为无为，则无不治"（第三章）。老子按照天道之理建议人们应效仿其"功成身退""利而不害""不争之善"和"不累于物"的应然之德。这是老子通过推演天道所建构的形而上的天道之德。

二、明人事：老子生存智慧的实践价值

老子推天道以明人事。《老子》一书中说"道"乃是"先天地生"（第二十五章），"道生一，一生二，二生三，三生万物"（第四十二章）。在这里，老子通过隐喻式的层级思维模式，从对天道形而上的体悟将"道"与天地万物联系在一起，以"道"为形上原理建构起人和世间万物之间"同源同质"的关系。换言之，人与万物共生共存在这个世界，都应遵循、效法"先天地而生"的道，只有这样才能使"万物生蓄相长而无碍"。老子针对人们将物我主客对立的惯常行为提出了"和其光，同其尘，挫其锐，解

其纷"（第五十六章），实际上是劝诫人们要打破物我二元对立的传统思维的藩篱，消除人们对"我"的执着，因为人本身与万物同源。在老子的形上体悟中，万物之所以得到生育长养，是因为万物共生共存在一个和谐的、自然的秩序中，万物作而并生，互利而不害，这是"常识"。但是世人却往往将常识树立为道德标准，以至于"大道废，有仁义；智慧出，有大伪"。这些"仁义"和"智慧"所带来的是人为的和谐，是对自然和谐的一种破坏。因此，老子主张"自然无为""见素抱朴""少私寡欲"，这与他所建构的天地"不自生"之德的形上原理是相契合的。

"自然无为"体现了老子思想中生存智慧的实践价值，启迪了一代又一代中国人的哲思。汉初儒士将其运用到政治管理中，丰富了儒家的治世思想和学说。晚清魏源怀着"救亡图存"的救世情怀，将老子"无为"思想延展为"经世治用"的"有为"之良方。刘鼎和、严复、刘师培等人受老子"无为"思想启发并将其与西学结合，使得老子思想开始摆脱传统的束缚，走上了"哲学"阐释之路。当代学者王博发掘了老子思想中的人文精神特质，提出了新时期对道家思想的人文思考。许抗生先生称老子是"中国历史上对人类文明进行认真反思的第一人"，他"是我国历史上反对文明异化的第一人"。刘笑敢先生也认为《老子》"体现着对人类命运的关切"，提出了人文自然的概念。总之，老子的"自然无为"思想对当今世界的健康发展具有重要的启示意义。

三、现代启示：构建生命共同体

习近平总书记在《关于〈中共中央关于全面深化改革若干重大问题的决定〉的说明》中讲道："我们要认识到，山水林田湖是一个生命共同体，人的命脉在田，田的命脉在水，水的命脉在山，山的命脉在土，土的命脉在树。用途管制和生态修复必须遵循自然规律。"在这里，习近平总书记所提出的生命共同体生存理念与老子思想中的生存智慧不谋而合。那么，从老子思想来看，建构生命共同体就必须做到以下几点。

首先，法天地之德，构建玄同的生命共同体。老子之所以言天道，是因为从天道的角度来观察万物，才能有效地突破原有的"以人为中心"的看法。"天地万物"实际上就是指大自然。在形上论中，老子建构了人和万物之间同源同质的关系，即人和万物都是一体的，应共生共存，才能达到符合自然之道的玄同境界。纵观当前我们所面临的困境，有很多问题都是因为人主观地将"我"与万物分别，执着于"我"，从而造成与自然万物之间的紧张关系和冲突。人类要想与万物兼容，就要法天地之德而"知常"。天地万物都是变动不居的，万物的变换往复无不体现着道的周遍全备，故而老子称其为常，"知常曰明"（第十六章）。

但是，现代文明中人们所倡导的以人类为中心的理念将人与自然万物相分离，自然万物成为人类征服的对象，从而致使生态环境恶化、人们精神空虚。人类对物欲过"偏"的追求导致了人类严重的生存危机，破坏了"应然"的人与自然、人与社会和与自身的自然和谐关系，影响了人类社会的健康、长远发展。我们应该继承老子的批判精神，对现代文明中的异化现象进行积极反思，以应对现代文明为我们带来的这个"无家可归的世界"（海德格尔语）。在老子看来，人类的认知是有限的，而道则是全备无限的。人类有限的视野往往使人们"有我之私"而不能长久。而以天道观万物，万物生生不息、循环往复，因道而生、因道而化，"各复其根"（第十六章）。人与万事万物乃是一体同根，万物齐一。因此，建构生命共同体就需要我们把握世界的统一性，处理好人和自然之间的关系。只有这样我们才能构建一个"万物生生不息"的生命共同体。

其次，从具体的实践层面来看，我们应涤除玄览、守虚处静。老子说："生之畜之，生而不有，为而不恃，长而不宰，是谓玄德。"（第十章）在这里我们可以看到，老子认为虽万物同源，但又各有其独特性。要达到玄德的境界，就要顺应万物、自然无执、养拙抱朴。老子提出的"尊道贵德"就是指要顺应万物的发展规律，尊重万物的特性，不可肆意妄为，"妄作，凶"（第十六章）。这就要求我们能"涤除玄览"，改变物我两分的先见，排除主观欲望，从全方位的视角来看待万物。我们之所以会走极端，是因为世间事物的有限性将"道"的无限性遮蔽了，我们只能把握其中的一"偏"，而不能领略其全貌。这就是为什么老子说："五色令人目盲；五音令人耳聋；五味令人口爽；驰骋畋猎，令人心发狂。"（第十二章）这里的"五色""五音"和"五味"是老子在警诫人们强烈的对外欲求的弊端，过度的感官满足会使人们失去追求真正的幸福和快乐的方向。其实，真正的幸福是内心的安顿和精神的富足，是在任何环境中的悠然自得、从容自在，而不是外在的名利繁华。所以，老子劝诫人们要"为腹不为目"、守虚处静，这样才能把欲求降到最低的程度，从而才能有精力去关注和探索更为重要的事情，提升人生的幸福感。

虽然老子思想生发于春秋时期的社会语境，但是我们看到老子所主张的生存智慧对现代社会依然具有重要的启示意义。我们需要消解老子思想产生的时代性限制，将其与现代语境相结合，吸纳其中的智慧为现代社会的发展来服务。同时，我们亟须将古老深邃的老子思想转变成现代人能理解的话语，让其与当代语境相结合，从而生发出符合时代语境需求的现代思想。在后疫情时期，我们需要借助老子思想来反思人类社会所面临的危机的根源所在，并以老子的生存智慧来指导现代人的行为，为人类社会的发展提供新的思路。总之，老子的生存智慧让我们能纠正观念、改变行为、指导方向，为我们反思现代文明的弊端和使人类社会健康有序发展提供了有益的参考，具有重要的启发意义。

目　录

绪论 ··· 1

第一章　基于文化语境的老子思想发生学研究 ············· 10
第一节　关于老子其人的文化语境研究 ····················· 11
第二节　关于老子思想形成的文化语境研究 ·············· 15
第三节　老子思想历史发展的文化语境研究 ·············· 17

第二章　老子人道思想在西方的接受与影响 ················ 21
第一节　"老学西鉴"初始：从宗教比附到日常智慧 ···· 22
第二节　西方对老子思想中人生智慧的观照 ·············· 24
第三节　老子人道思想与西方人本主义的对话 ·········· 28

第三章　文化全球化语境下的老子思想译释研究 ········· 34
第一节　"文化全球化"语境下老子思想的存在样态 ··· 35
第二节　从典型译本看老子思想的多视域融合 ·········· 42
第三节　老子英译中的误译与补偿策略 ····················· 67
第四节　文化全球化语境下老子"无为"思想阐释研究 ··· 81

参考文献 ··· 97

附录 ·· 108
　附录1：戴维·亨顿《道德经》译本前言 ················ 108
　附录2：比尔·波特《道德经》译本前言 ················ 122
　附录3：闵福德《道德经》译本前言 ···················· 133

绪　论

《老子》一书是华夏先民关于道论的奠基之作，也是先秦智慧的集大成者。其蕴含的道论思想窈冥深邃，与儒、释两家思想相辅相成，共同构筑了中华传统文化的根基，并影响了后世一代代思想家和哲学家。虽然学术界关于老子其人其书的争论很多，但有一点是可以肯定的，《老子》是目前我们所知系统阐述道论思想的最早的典籍。《老子》一书中的语言表达简练，蕴涵丰富。其文本的开放性特点吸引了历代注家纷纷对其中的道义进行多元阐发，形成了中外文化史上谓为壮观的景象。但也正是因为其开放性，使得后世的阐释五花八门、各学派更是争论不休。为了更可能地接近老子思想的本旨，近代一些学者开始尝试从生发老子道论思想的历史文化语境入手，探索促使老子思想形成的客观原因。古史辨派对历史材料和考古发现的征用为近代老学思想研究提供了全新的视角，掀起了近代老学研究的一股热潮。当前，我国一些学者（如北京大学严绍璗先生）通过对"文化语境"的理论建构，为文本发生学研究提供了可资借鉴的理论依据。

严绍璗先生认为："揭示文学的发生学轨迹，首先应该借助'文化语境'的解析。"他进一步解释说："'文化语境'指的是在特定的时空中由特定的文化积累与文化现状构成的'文化场'（the field of culture），包括与文学文本相关的'文化形态'和与文学文本创作者相关的'认知形态'两个层面。"[①] 由此看来，文本的形成不仅与作者的认知有关，在很大程度上也

[①] 严绍璗．"文化语境"与"变异体"以及文学的发生学 [J]．中国比较文学，2000（3）：6．

与其生成的文化背景紧密相关。自20世纪20年代古史辨派以来，关于老子思想的生成语境研究为我们打开了新的研究视域，从而丰富了文本生成以及文本演变的理论。

本研究拟将老子思想研究置于文化发生学和比较文学变异学的视角下，对其产生的文化语境考镜源流，对老子思想在历史发展中的"变异"进行文化语境层面的考察，解析老子思想得以不断发展的文化根源，重点考察老子思想在跨民族和跨国界文化语境中与异质文明之间的互动、碰撞和融合的理路，为当前中国文化走向世界并与世界其他文化和谐相处、平等对话的文化策略探索有益的方法。第一，本研究的理论论证部分将文化发生学原理和比较文学变异学原理有机结合在一起，从而搭建起一座沟通古今、连接中外的理论桥梁；第二，根据现存语料和最新考古图谱中的成果，讨论老子生活的时代和其出生、生活之语境，全面考量老子生活的时空文化语境特色，强调老子思想的产生与其独特的文化语境是分不开的；第三，重点研究不同历史时期老子思想的发展和"变异"，强调文化语境的决定性作用；第四，解析全球"文化语境"对老子思想"走出去"的制约和促进作用；第五，考察文化语境理论对研究老子思想的发生和变异的"得"与"失"，找到平衡"文化语境研究"与"文本研究"的解决办法。

一、国内外研究现状

（一）国内老子思想研究概况

古今中外对老子思想的研究特点主要体现在"传统——民族性"和"当代——全球性"两个层面。

第一个层面，主要是指历代老学研究者通过注释、考证和训诂的方式对老子思想进行传统意义的阐发，对其注疏者不计其数，具有影响力的注家包括（战国）韩非子（《解老》《喻老》），（西汉）河上公（《老子章句》），

（魏晋）王弼（《老子道德经注》），（唐）傅奕（《老子注》），（宋）王安石（《老子注》），（明）释德清（《老子道德经解》），（明）李贽（《老子解》），（清）王夫之（《老子衍》），（清）姚鼐（《老子章义》），（清）魏源（《老子本义》），还包括几位帝王注家，如唐玄宗、宋徽宗、明太祖和清顺治帝等。这些注家多以校诂和考证的方式精研老子意旨，在注疏的同时也宣传自己的思想主张。20世纪20年代至40年代，国内出现了一波研究老子的热潮，而这股热潮是在古史辨派（也被称为疑古派）相互争论中进行的，其中著名学者有胡适（1919；1933）、梁启超（1921）、钱穆（1923）、马叙伦（1924）、高亨（1926）、罗根泽（1932）、冯友兰（1934）、郭沫若（1934）、谭戒甫（1935）等，他们对于老子思想的研究涉及训诂、考辨、音韵等方面的内容，被收录进《古史辨》第四册（1932）[①]和第六册（1937）中。[②]

第二个层面主要体现在20世纪初，以严复（1984）为代表的一批学者开创了"西学解老"的先河，而胡适（1919）则是将老子作为哲学家进行研究的第一人。20世纪50年代以后，研究老子的热潮不减，但深深打上了马克思主义的烙印。老子的阶级属性及其思想的"唯心论"与"唯物论"成为争论的焦点。20世纪80年代后，老子研究不再仅仅局限于对字句的考辨源流，而是将"注、译、评"三者结合，代表学者有詹剑峰（1982）[③]、陈鼓应（1984）[④]、朱谦之（1986）[⑤]、金岳霖（1985）[⑥]、许抗生（1985）[⑦]、徐梵澄（1988）[⑧]、任继愈（1992）[⑨]等。1993年郭店楚墓竹简《老子》和其他先秦资料的出土吸引了中国和国外老子研究者的目光，研究成果呈现井喷之势。

---

① 罗根泽. 古史辨（第四卷）[M]. 香港：太平书局，1962：462-519.
② 熊铁基，等. 中国老学史[M]. 福州：福建人民出版社，2005：4-5.
③ 詹剑峰. 老子其人其书及其道论[M]. 武汉：湖北人民出版社，1982.
④ 陈鼓应. 老子注译及评介[M]. 北京：中华书局，1984.
⑤ 朱谦之. 新编诸子集成：老子校译[M]. 北京：中华书局，1984.
⑥ 金岳霖. 论道[M]. 北京：商务印书馆，1985.
⑦ 许抗生. 帛书老子注译及研究[M]. 杭州：浙江人民出版社，1985.
⑧ 徐梵澄. 老子臆解[M]. 北京：中华书局，1988.
⑨ 任继愈. 老子全译[M]. 成都：巴蜀书社，1992.

同时，董光璧（1991）[①]、胡孚琛（1999）[②]、陈鼓应（2003）[③]、许抗生（2013）[④]等学者积极主张建立"当代新道家"，提出了对老子思想的复归。2003 年 11 月，在浙江宁波举行的"首届葛洪与中国文化国际学术研讨会"，把当代新道家作为重要议题进行专题研讨。刘笑敢（2006）所著的《老子古今》[⑤]是对 5 种《老子》版本的对比研究，并将西方的老学研究成果（如老子思想的女性主义研究视角）有机地结合在一起，凸显了老子思想研究的全球化趋势。

（二）国外老子思想研究概况

老子思想在异质文化和文明中形成了风格别具的"话语形态"。英语世界的老子研究是在法国和德国学者的推动下发展起来的。法国的马伯乐（Henri Maspero，1971）[⑥]、康德谟（又译卡顿马克，Maxime Kaltenmark，1969）[⑦]、施

[①] 董光璧. 当代新道家 [M]. 北京：华夏出版社，1991.
[②] 胡孚琛. 道学通论——道家道教仙学 [M]. 北京：社会科学文献出版社，1999.
[③] 陈鼓应. 道家文化研究（第 20 辑）[C]. 北京：三联书店，2003.
[④] 许抗生. 当代新道家 [M]. 北京：社会科学文献出版社，2013.
[⑤] 刘笑敢. 老子古今 [M]. 北京：中国社会科学出版社，2006.
[⑥] 马伯乐的道教著述颇丰：1922 年，他在《法兰西东方学协会通报》（*Bulletin de L'Association Francaise des Amis de l'Oriental*）第三期发表了他学术生涯第一篇有关道教的文章《关于道教的考察》。1937 年在《亚洲杂志》（*Journal Asiatique*）发表了《古代道教中的养生法》及其系列演讲《道教的神仙——就其如何与神交感而言》（1937）、《中国六朝时期的人的宗教信仰和道教》（1940），对法国汉学界的道家和道教研究影响深远。他的遗稿由戴密微整理出版，取名为《中国宗教·历史杂考》（*Mélanges Posthumes Sur Les Religions et D' histoire De La Chine*，1950 年），1971 年由康德谟教授重新整理出版，书名为《道教与中国宗教》（*Le Taoisme et Les Religions Chinoises*），1981 年由基尔曼（Frank A Kierman）译成英文在美国出版。（以上信息来源于：www.mingrenw.cn/ziliao/93/92326.html）
[⑦] 康德谟是法国汉学界最著名的道教思想和道教文学研究专家，师承马伯乐。于 1965 年发表了《老子与道教》（*Lao-tseu et Le Taoisme*），1969 年美国斯坦福大学出版社出版了英文版，这本书对道教和道家作了全面介绍。1979 年第二次国际道教研究会议上宣读了《〈太平经〉的思想》，此文同年收入耶鲁大学出版的文集《道教面面观》。1972 年出版《中国哲学》（*La Philosophie Chinoise*）。（Maxime Kaltenmark. Lao Tzu and Taoism[M]. Stanford, CA: Stanford University Press, 1969.）（以上信息来源于 www.gerenjianli.com/Mingren/66/1mkc9c417b.html）

舟人（又译施博尔，Kristofer M. Schipper，1997）①、劳格文（又译拉格威，John Lagerway，1987）②等学者对老子学说进行了系统性的研究和阐释，取得了举世瞩目的成就。德国的卫礼贤（Richard Wilhelm，1922）③、马克斯·韦伯（Max Weber，1995）④等均以对道家独特的阐释著称。茱莉亚·哈蒂（Julia M. Hardy，1998）⑤认为从1915年开始，西方对《老子》文本的阐释开始发生了根本性的变化，由宗教比附转为严谨的阐发，从而使处于边缘地位的道学研究成为西方汉学研究领域中的一门显学。卡普拉（Fritjof Capra，2012）⑥、本杰明·霍夫（Benjamin Hoff，2011）⑦、郝大维（David

---

① Kristofer M Schipper. Le Corps Taoiste: Corpsphysique, Corps Social[M]. Paris: Editions Fayard, 1997.
② 劳格文，师承康德谟和施舟人，主要从事道教和中国宗教研究，著述颇丰。包括《〈无上秘要〉——六世纪的道教大全》（法文）、《中国社会和历史中的道教仪式》（英文）、《神州——道教视野中的中国》（法文）、《中国——一个宗教国度》（英文）、《华南民俗志》。主编《传统客家社会丛书》（30卷）、《徽州传统社会丛书》（5册）、《客家传统社会》（2册）、《宗教与中国社会》（2卷，英文）、《上古和中古中国的宗教与社会》（法文）以及《中国乡村与墟镇神圣空间的建构》《跨文化视野下的民俗文化研究丛书》《道教仪式丛书》。近10年主编的中国宗教史著系列（Early Chinese Religion；Modern Chinese Religion）由荷兰博睿（Brill）学术出版社陆续出版，包括商汉宗教史、魏晋南北朝宗教史、宋辽金元宗教史、近代（1850—2015）中国宗教史各二卷。四部史著全面深入地论述了中国历史上几个重大转型时期的国家宗教、儒释道三教和民间宗教，阐述了关于中国宗教史各个领域的一般性结论和总的看法。另外还以这四部史著为基础，于2019年撰著出版了博睿中国宗教简史《早期和近代转型时期的中国宗教史》（*Paradigm Shifts in Early and Modern Chinese Religion: A History*）。参阅：法国汉学家劳格文及其中国宗教史著系列[J]. 世界宗教研究，2019（2）：2.
③ Wilhelm R. Chinesische Lebensweisheit[M]. Darmstadt: Otto Reichl Verlag, 1922.
④ 马克斯·韦伯. 儒教与道教[M]. 王容芬，译. 北京：商务印书馆，1995.
⑤ Hardy J M. Influential Western Interpretations of the Tao-te-ching[M]// Kohn L, LaFargue M. Lao-tzu and the Tao-te-ching. Albany, NY: State University of New York Press, 1998.
⑥ 卡普拉. 物理学之"道"——近代物理学与东方神秘主义[M]. 朱润生，译. 北京：中央编译出版社，2012.
⑦ 本杰明·霍夫. 小熊维尼之道[M]. 赵永华，王一鸣，译. 重庆：重庆大学出版社，2011.

L. Hall）与安乐哲（Roger T. Ames，2003）[①]等学者对老子思想作出多元化的阐释。20世纪60年代末到90年代，随着学术交流的日益频繁，在英国、美国和加拿大等英语世界中涌现出一批用西方后现代主义理论指导下研究道家文化的学者。陈张婉莘（Ellen M. Chen，1969）[②]、冯家富（Gia-fu Feng，1972）[③]和简·英格利斯（Jane English，1972）、史蒂芬·米歇尔（Stephen Mitchell，1989）[④]、梅维恒（Victor H. Mair，1990）[⑤]和勒瑰恩（Ursula K. Le Guin，1997）[⑥]等研究者对道家典籍《道德经》进行了反传统的女性主义解读。老子思想在日本的传播过程中被深深打上了日本文化特色的烙印，如老子与儒教合一，独善主义变为忠君思想等，形成了一种"日本化"了的思想。总之，东西方学者对道家文化的解读凸显了老子思想研究的全球性意义。

（三）文化语境理论在比较文学领域的研究概况

20世纪20年代，马林诺夫斯基（Malinowski）首次提出应该将"文化语境"作为把握话语意义的参照。胡壮麟等（1989）认为："文化语境是社会结构的产物，是整个语言系统的环境。"[⑦]国内一些学者（如王金娟，2006[⑧]；杨承淑，2008[⑨]等）还将"文化语境"研究与翻译结合在一起，探讨文化语境对翻译的制约和对文本理解的作用。由此看来，这些学者所关注

---

① Ames R T, Hall D L. Dao De Jing "Making This Life Significant": A Philosophical Translation[M]. New York: Ballantine, 2003.
② Chen E M. The Meaning of Ge in the Tao Te Ching: An Examination of the Concept of Nature in Chinese Taoism[J]. Philosophy East and West, 1969, 23(4): 457-470.
③ Feng Gia-fu, English J. Tao Te Ching[M]. New York: Vintage Books.
④ Mitchell S. Tao Te Ching[M]. New York: Harper & Row, 1989.
⑤ Mair V H. Tao Te Ching: The Classic Book of Integrity and the Way [M]. New York, Toronto, London, Sydney & Auckland: Bantam Books, 1990.
⑥ Le Guin U K. Lao Tzu Tao Te Ching: A Book about the Way and the Power of the Way[M]. Boston & London: Shambhala, 1997.
⑦ 胡壮麟. 系统功能法概论[M]. 长沙：湖南教育出版社，1989.
⑧ 王金娟. 文化语境与翻译[J]. 上海翻译，2006（2）：52-54.
⑨ 杨承淑. 翻译中的文化语境：剖析及对应[J]. 中国翻译，2008（2）：51-56，96.

的重点还是"文化语境"在语言学上的意义。而将对"文化语境"的研究明确转向文化和文学的领域发轫于以严绍璗先生（2000[①]；2003[②]；2012[③]）为首的一批比较文学学者的努力。严绍璗教授（2000）从文学发生学的视角为"文化语境"做了概念界定，并尝试从"文化语境"中"还原"文学文本。"文化语境"指的是在特定的时空中由特定的文化积累与文化现状构成的"文化场"。他强调："揭示文学的发生学轨迹，首先应该借助'文化语境'的解析。"（严绍璗，2000：3）

（四）现有研究的总体评价及研究趋势

首先，虽然《老子》文本和老子思想产生的文化根源一直是国内外学者研究和争论的重点，但是当前的研究只是零散见于一些学者的论著中，如冯友兰（1982）[④]、罗根泽（1982）[⑤]、詹剑峰（1982）[⑥]、陈鼓应（1999）[⑦]、张松辉（2009）[⑧]、刘晗（2010）[⑨]等，呈现出"碎片式的""断裂的"研究样态；

其次，文化语境理论自19世纪末以来一直被应用于语言学和翻译的研究领域，在比较文学和跨文化研究方面的成果仅仅局限于以严绍璗先生为首的一些东亚文化研究学者的成果中，其可应用的领域亟待进一步拓宽。

最后，学术界普遍失却了对老子思想在历史文化语境发展中所发生的"变异"的关注，比较文学变异学理论符合老子思想在不同文化语境下的"话语形态"研究需要。老子研究日益国际化，"以西释老"较为普遍，全

[①] 严绍璗."文化语境"与"变异体"以及文学的发生学[J].中国比较文学，2000（3）：3-16.
[②] 严绍璗.树立严谨的比较文学研究观念和方法[J].中国比较文学，2003（1）：10-17.
[③] 严绍璗.汉籍的东传与文化的对话[J].中国典籍与文化，2012（1）：27-38.
[④] 冯友兰.中国哲学史新编（第一册）[M].北京：人民出版社，1982.
[⑤] 罗根泽.古史辨（第四卷）[M].上海：上海古籍出版社，1982.
[⑥] 詹剑峰.老子其人其书及其道德[M].武汉：湖北人民出版社，1982.
[⑦] 陈鼓应.道家文化研究（第16辑）[M].北京：生活·读书·新知三联书店，1999.
[⑧] 张松辉.老子研究[M].北京：人民出版社，2009.
[⑨] 刘晗.《老子》文本与道儒关系演变研究[M].北京：人民出版社，2010.

球文化语境应该被纳入研究视野。因此，本书主张应将老子思想看成是一个动态发展的、不断变异的文化形态来进行整体的把握。

二、选题意义

本课题在前人研究的基础上，尝试将"文化语境"的最新研究成果与文学发生学和比较文学变异学原理相结合，从而探索老子思想研究的新路径。首先，"文化语境"的文本发生学研究视角有助于我们对老子思想追根溯源，"还原"老子思想的真貌，排解一些含混不清、模棱两可的概念；其次，变异学视域下的"文化语境"研究，可以让我们追索老子思想的发生和演变过程，了解不同历史时期不同民族和不同国家之间的文化碰撞和融合对文化传递造成的影响。通过对老子思想研究的发生学和变异学理论构建，可以更全面合理地描述、解释和分析老子思想的各种"话语形态"，从而使本领域研究清晰化、条理化和体系化。因此，本课题具有重要的理论价值。

本课题的实际应用价值体现为：文化语境理论视域下的老子思想研究有利于中国文化"走出去"的发展战略，为跨文化研究提供全新的语料，对中华典籍的译介具有积极的借鉴意义；同时，对于跨文化研究、比较文学和翻译等学科发展和教学具有积极意义。

三、创新之处

第一，研究方式和理论突破。将文学文本研究领域中的"变异学"原理应用于老子思想研究可以有助于我们突破传统的研究方式。当前的文化语境理论成果并不丰富，这是理论论证和理论构建层面上的障碍。我们需要全面整合零散的相关成果，并对其进行归纳分析。

第二，老子思想的文化语境研究很容易让研究者脱离文本，而进入到一种"泛文化语境"的极端境地，所以如何在文化语境研究和文本研究之间找到一种平衡的支点是我们要努力冲破的障碍之一。

四、研究方法

本课题将以老子思想研究所面临的实际问题为出发点,将理论论证与实证研究有机结合。

第一,理论论证着重对基本概念的厘清和对概念内涵的阐发,包括逻辑论证法、解释学与平行比较法等手段;

第二,实证研究主要针对历史文化语境下的不同"话语形态"进行多维透视,将历时与共时、微观与宏观、定性与定量研究相结合,采用统计法和个案分析法对研究对象进行分类整理和细致分析,深入剖析基本概念,挖掘理论内涵,揭示理论的内在动力和外在因素,勾勒老子思想的发展路径图,阐述老子思想如何不断地实现"自我反省"和"自我更新",并且在"跨国界""跨民族"的互动和对话过程中,超越自身生存的文化语境,与其他学说或外来文化结合,在"不正确理解"中能动地发展、"变异"。

第一章　基于文化语境的老子思想发生学研究

　　老子深邃玄远的思想已成为中华民族的文化符号，与儒、释等共同构成了灿烂的中国传统文化光谱。历代老学研究表明，老子思想的产生不是凭空的，而是通过先秦智者的"静观""玄览"，感时应事而作。《老子》一书是我们能够找到的关于"道论"思想的系统论述最早、最完备的典籍。老子将业已存在的"道"这一核心概念高度抽象化、系统化，并将其构建为"宇宙万物赖以创生的终极实体"[①]。因此，可以说《老子》一书是华夏先民智慧的集大成。从发生学意义上来说，老子思想的形成离不开作者个人深邃的洞察力和高超的智慧素养，同时也离不开孕育这一伟大思想的历史文化语境。因此，孕育老子思想的"文化语境"成为近、当代老学研究的重要转向。我们尝试通过梳理自古史辨派以来国内外关于老子思想产生的文化语境的研究，钩沉老子其人其书其术的生成、发展和演变的过程；通过对《老子》不同版本生成历程的考察，阐释老子思想在历史生命叙事中发生"变形"或"变异"的理路，考察历史上老子思想不同的存在样态，探讨阐释者以"老子思想"为名进行的文化利用或"再利用"，并进一步挖掘老子思想在不同历史文化场域中进行的"视域融合"。

[①] 张广保.老子及原始道家道论的哲学阐释[M]//胡军，孙尚扬.诠释与建构——汤一介先生75周年华诞暨从教50周年纪念文集.北京：北京大学出版社，2001：257.

第一节 关于老子其人的文化语境研究

司马迁《史记》中关于老子生平、故里及其思想主张的记载，引起了历史上一些老学研究者的质疑，如（北宋）陈师道、（南宋）叶适、（南宋）朱熹、（清）崔述、（清）汪中等。20世纪20年代梁启超撰文主张老子思想晚出，从而掀起了一股包括胡适、钱穆、马叙伦、高亨、罗根泽、冯友兰、郭沫若、谭戒甫等知识分子在内关于老学的论争，后被顾颉刚收录到《古史辨》第四册（1932）和第六册（1937）中。之后关于老子其人其书的论争持续不断并逐渐升温，研究成果层出不穷。

第一，老子其人和其生活年代的论争。对于老子其人的论争主要集中在对《史记·老子韩非列传》中所记载的老子、老莱子和太史儋三人身上。尹振环（2008）援引高亨的统计说："《大戴礼记·卫将军文子》中的老莱子与《礼记·曾子问》中的老聃；《庄子·外物》中的老莱子和《庄子·天下》篇中的老聃；《战国策·齐策》中的老莱子与《魏策》《齐策》中的老子；《汉书·艺文志》中的《老子》与《老莱子》；《尸子》、《列女传》、《高士传》、《孔丛子》、刘向的《别录》等都是将老子与老莱子明确为两人。"[①] 而对于老子和太史儋的区别，《史记》中载："自孔子死之后百二十九年，而史记周太史儋见秦献公曰：'始秦与周合，合五百岁而离，离七十岁而霸王者出焉。'或曰儋即老子，或曰非也，世莫知其然否。老子，隐君子也。老子之子名宗，宗为魏将，封于段干。宗子注，注子宫，宫玄孙假，假仕于汉孝文帝。而假之子解为胶西王昂太傅，因家于齐焉。"一些学者根据《史记》中这一记载推断老子和太史儋为一人，并由此推断老子当属战国时期。（宋）叶适、梁启超、钱穆、何炳棣、侯外庐、范文澜、杨荣国、冯友兰等学者都持"老子晚出"的说法，认为战国时期的太史儋即老子。但是（清）汪中、罗根泽、钱宾四等人对此说提出质疑，认为老子和太史儋为两人。这一说法得到

---

① 尹振环.重识老子与《老子》——其人其书其术其演变[M].北京：商务印书馆，2008：16.

高亨和郭沂的支持。(尹振环，2008：18-19)关于司马迁为什么在《史记》中对《老子列传》做如此处理，尹振环通过何炳棣对司马谈和司马迁父子的考证，认为是当时所处的社会、政治环境使得司马迁不得不"直笔明文肯定老聃，暗里曲笔肯定太史儋"。(尹振环，2008：22)此说颇具新意，也很有说服力。

此外，关于老子生活年代的考据，并非只有春秋和战国这两种说法。罗根泽在《古史辨》第六册的"自序"中说："关于考据老子年代的文章，止第四册及此册所收，就有三十五六万言，就是有点小题大做。"在该书末尾，他列举了宋、清时期以及当时学人的29种看法。多数将老子其人其书连在一起，主要分成三派意见：第一派认为老聃在孔子之前，主张此说者有胡适、马叙伦、张煦、唐兰、郭沫若、高亨等人。第二派认为老子是战国人，《老子》一书也是战国时期的。此派包括梁启超、冯友兰、罗根泽和范文澜。第三派以顾颉刚为代表，根据《吕氏春秋》推测老子的成书年代。[①]

第二，老子及《老子》一书的作者和成书年代的论争。在詹剑峰先生的专著《老子其人其书及其道论》(1982)中专门有一节就是有关《老子》作者的，对"《老子》书是杨朱之徒的伪托"，"辑老聃格言为《老子》书是李耳"，"《老子》书是詹何"，"《老子》书是关尹即环渊所记老聃的语录"等说法进行了梳理，并一一驳斥，最后肯定了《老子》书作者是老子或老聃。[②]但是，老学界还存在一种说法，即老子确有其人，老子也确实提出了自己的主张，但根据最新出土的文献来看，《老子》一书最初并没有五千言(楚简《老子》两千言，帛书《老子》四千言)。《老子》五千言应该是后世所作，也即说明了《老子》文本的发展是一个动态的过程。熊铁基等认为"有许多主张是老子其人与《老子》其书连在一起评论的。但二者并不是一回事，也是显然的"(熊铁基，2005：15)。尹振环将《史记·老子列传》中老子对孔子的赠言与1993年出土的郭店楚简《老子》作比对，说"验之楚简《老子》也是一致的"，即'去子之骄气与多欲，态色与淫志'与楚简《老子》'绝智去辩''绝伪去虑'一致，

---

① 熊铁基，等. 中国老学史 [M]. 福州：福建人民出版社，2005：4-5.
② 詹剑峰. 老子其人其书及其道论 [M]. 武汉：湖北人民出版社，1982.

司马迁断定老子是'隐君子',与老子赠言'君子得时则驾,不得其时则蓬累而行'一致,因此,这是春秋时的'老子',并非战国时的'周太史儋'"。尹振环接着强调说:"先于孔子的老聃,应该先肯定下来。也就是说《史记》中的关于老子的记载是确切的。至于《墨子》《礼记》《庄子》《荀子》《韩非子》《吕氏春秋》《战国策》中的引述老聃之言,其中有的由楚简《老子》可证确是老聃之言,也有的已是另外一位'老聃'之言了。"(尹振环,2008:18)这些都表明《老子》文本的存在样态是多样的。

第三,老子思想产生的地域之争。用地域文化的差别来研究作者的文风是梁启超的专长,他主张"老子是楚国(或陈国)人,当时算是中国的南部"①。著名学者杨义所著《老子还原》一书,也将地缘文化基因作为一个重要因素来考察老子思想的形成。②在"地域文化语境"的研究中,当前存在着"老子为楚人""老子为宋人""老子为陈人"等争论,其中老子为楚人呼声最高。冯友兰、任继愈和陈鼓应几位先生即持此观点;如任继愈将中国划分为四个文化区,即邹鲁文化、三晋文化、燕齐文化和荆楚文化,各区特色鲜明,最适合老子思想产生的就是楚地了;陈鼓应梳理了《老子》文本中存在的楚语或楚文化的痕迹;另外还包括余又光(1980)③和陆永品(1984)④等针对《老子》文中地域语言风格而作的研究。但是,美国纽约州立大学的金弘扬(Hongkyung Kim,2007)教授根据马王堆帛书《老子》推翻了"老子为楚人"的说法,他说:"马王堆帛书证明《老子》和楚文化并没有什么联系。长期以来,人们将《老子》作为楚文化的一部分,是因为《老子》延续了'兮'字的押韵用法。因为《楚辞》中就是这样用的。但马王堆帛书《老子》中用的是'呵'而不是'兮';有趣的是,《吕氏春秋》中用的是'乎'。另外,马王堆帛书《老子》中有'管籥'一词,但是根据《方言》,'籥'

---

① 胡道静.十家论老[M].上海:上海人民出版社,2006:35.
② 杨义.老子还原[M].北京:中华书局,2011:19-26.
③ 余又光.论帛书《老子》的社会学说[M]//张正明.楚史论丛·初集.武汉:湖北人民出版社,1980.
④ 陆永品.老庄研究[M].郑州:中州古籍出版社,1984.

是在函谷关以西秦地使用的。"① 言之凿凿，论据充分，从而反驳了长期以来人们普遍存在的看法。虽各家观点不一，但都确信：特定的地域文化会孕育出特定的思想。

第四，《老子》一书版本的论争。随着出土文献的不断丰富，老学研究者又将争论的重心转向了《老子》版本的问题。1974 年帛书《老子》问世后高亨和池曦朝先生认为："帛书《老子》是《老子》原书的面貌吗？处处比今本好吗？不是这样，也不可能是这样。但是，以全书来说，帛书多胜于今本。"② 从以上两位老学界的前辈意见来看，他们心目中存在着一个标准，即哪个版本是"有效的"或"更好的"。

综合各家观点，我们可以看到问题的关键症结在于：《老子》并不是以一个固定的样态出现的。尹振环比较认同将已知《老子》按时期分为四类的做法：（1）郭店楚简《老子》为形成期《老子》；（2）战国末西汉初之帛书《老子》为成型期《老子》；（3）汉唐严遵《指归》本、河上公本、想尔本、王弼本、傅奕本为定型期本《老子》；（4）嗣后为流传期本《老子》。他补充说："（3）（4）两类还必须加'变形'二字，那么又可以分为定型期变形《老子》与流传期变形《老子》。因为帛书《老子》已经证明了其后诸今本《老子》已经变了形，而楚简《老子》又进一步证明了这种变形。"③ 以这种文本"变形论"或"变异论"为导向，那么我们就可以清楚为什么不同版本《老子》中既有楚地的语言特色，也有秦地的语言特色了；我们也就明白为什么不同版本中既有春秋元素，又有战国元素了；同时，我们从《老子》与其他文献典籍之间的互文性关系也可以看到《老子》文本的传播范围之广、影响力之大了。

因此，我们认为，老子确有其人，而且提出了自己的主张。但是在之后的传播过程中，其思想在不同时代的"文化场域"中发生了变形或变异。虽

---

① Kim H. The Original Compilation of the Laozi: A Contending Theory on its Qin Origin[J]. Journal of Chinese Philosophy, 2007, 34(4): 625.
② 高亨，池曦朝. 马王堆汉墓帛书老子[M]. 北京：文物出版社，1976：102.
③ 尹振环. 重写老子其人，重释《老子》其书[J]. 中州学刊，2000（3）：62.

然其基因未变,但被赋予了不同的元素,以至于产生了诸多不同的版本和不同的说法。故当一些学者认为"老子的生活年代与《老子》成书时间并不一致,《老子》成书时间晚于老子"[①]时,我们应该弄清楚,他们所指的是哪一个版本的《老子》。同理,在思想史上,学者们常指称的"老子思想"的发展轨迹是一个在历史生命叙事中动态的、逐渐符号化的过程。而且,随着文化全球化时代的到来,这一进程还将持续下去。

第二节 关于老子思想形成的文化语境研究

文本的形成不仅与作者的认知有关,而且在很大程度上也与其生成的文化背景紧密相连。从20世纪20年代古史辨派以来,关于老子思想的生成语境研究为我们开拓了新的研究视域。

首先,老学研究成果表明,老子思想的形成是与集体的智慧密不可分的。老子"道论"中的核心概念可追溯至《尚书》《国语》《左传》等典籍。唐君毅先生考证说,中国哲学概念中,"天命"是最先出现的,然后是"德","德"又引发了"心""性""礼"等代表性的观念。而至于"道",他说:"'道'的观念则出现最迟。《尚书·禹贡》中……的'道'并无哲学意义。至《尚书·周书·君奭》……'王道'一名立,其哲学意涵初透。但是到了《国语》《左传》时代,'天道''人道'的概念就出现频繁了……已发展为一个统摄所有现象的概念。……证诸《国语·越语》范蠡所言'天道盈而不溢,盛而不骄,劳而不矜其功',我们发现范蠡所谓的'天道',不仅指存在界的法则,而且'不溢''不骄''不矜'等人格性的描述语,透露出'天道'的规范更伸展到人间社会及历史文化的领域,而与老子《道德经》中的'道'或'天道'概念,非常接近类似。因此,我们可以肯定地说,'道'一概念的哲学

---

① 郝宜今.老子其人与《老子》其书[J].内蒙古大学学报(哲学社会科学版),1993(1):98.

意涵，至春秋时代粲然大备，而且逐渐取代了《尚书》《诗经》中的'天命'观念的地位，成为当时哲人用来传达对宇宙人生之理解的基本概念。"① 由此，我们不难看出，老子"道论"并不是凭空产生的，而是在已有智慧的基础上衍变而来。

美国纽约州立大学教授金弘扬（Hongkyung Kim，2007：614）梳理了关于《老子》文本和其他学说之间关系的研究，认为许多其他学派的哲学思想都可不同程度地在《老子》一书中找到。从而也印证了《老子》一书并非凭空产生的说法。保罗·汤普森（Paul Thompson）分析了慎到和《老子》的关联；② 顾立雅（Herrlee Creel）认为申不害和《老子》是相关联的；③ 哈罗德·罗斯（Harold Roth）认为《管子·内业》与《老子》有密切关联；④ 汉学家陆威仪（Mark Lewis）看到老子书中兵家如孙子的思想；⑤ 刘殿爵（D. C. Lau）认为老子是一本文集，受到关尹、列子、慎到等人的影响；⑥ 顾颉刚研究了《吕氏春秋》和老子的关系。金弘扬（2007：614）根据《老子》和其他典籍之间的"互文性"考察，认为"正如同顾颉刚所论，《老子》一书中的三分之二都可在《吕氏春秋》中找到。因此，很多人认为《吕氏春秋》是《老子》的注疏"。从这些研究看出，老子思想的形成离不开当时的知识语境，即各派学说为老子思想的生发奠定了坚实的知识基础。

除了以上的知识储备因素，当时的政治环境也是老子思想形成的一个关键动因。春秋战国时期社会动荡，统治者应该如何统治成为当时诸子百家所共同聚焦的一个核心问题。金弘扬（2007：614）指出："《老子》一书一定是由为解决当时社会问题的知识分子完成的。这一观点得到了很多学者的

---

① 袁保新. 老子哲学之诠释与重建[M]. 台北：文津出版社，1997：18-19.
② Thompson P M. The Shen-tzu Fragments[M]. New York: Oxford University Press, 1979: 527.
③ Creel H G. What Is Taoism? And Other Studies in Chinese Cultural History[M]. Chicago: University of Chicago Press, 1970: 48-78.
④ Roth H. Original Tao[M]. New York: Columbia University Press, 1995: 187-190.
⑤ Lewis M E. Sanctioned Violence in Early China[M]. Albany: State University of New York Press, 1990: 124.
⑥ Lau D C. Tao Te Ching[M]. Hong Kong: The Chinese University Press, 1982.

认同。"陈鼓应（2006）认为："老子以人道理想托付于天道，而倡言功成而不有（功遂身退天之道）、利人而无害（天之道利而不害），崇尚不争的美德（天之道不争而善）。老子……提出……'天之道损有余而补不足'，这是老子强烈的社会正义的呼声。可见老子的天道观与他的社会意识是紧密相联的。……在中国哲学史上，老子首次把'道'作为哲学范畴而给予系统化的论证，从而建立起以'道'为核心的哲学体系。"① 袁保新也认为："从思想史的观点来看，老子哲学基本上是脱不开这个大时代的课题，亦即'周文既然疲敝，如何建立新的价值秩序'应该是老子与先秦诸子共同关怀的话题。"（袁保新，1997：88）

综上，当时社会中的各种思潮和特定的政治环境为老子思想的形成提供了重要的驱动力。

第三节　老子思想历史发展的文化语境研究

当前，学术界一直努力要找到"老子本义"或"还原"老子思想。但是，从文本历史发展的轨迹来看，也许这只是一种理想罢了。美国汉学家史华兹（Benjamin I. Schwartz）指出关注"共同话语"（common discourse）的重要性，为我们正确理解老子思想的演变提供了理论支持。他说："实际上，存在着这样的一整套术语词汇，它们最终会获得相当不同的思想模式的认同。这些术语本身表现出了如下的特点：尽管它们也许拥有某些共同的涵义，但仍然可以导向极其不同的解释方向和侧重点。"② 如果我们将这一论断应用到老子思想的解读中，那么我们可以看到，在老子思想核心概念的支配下，后世阐释者按照自己的知识素养和特定的社会文化语境沿着不同的方向对老子思想的内涵和外延进行阐发。因此，我们应该以"发展的眼光"来看待不同历史时

---

① 陈鼓应. 老庄新论 [M]// 胡道静. 十家论老. 上海：上海人民出版社，2006：414.
② 史华兹. 古代中国的思想世界 [M]. 程钢，译. 南京：江苏人民出版社，2004：181.

期的老子思想，只重原典而忽视不同历史语境下文本的多样性是不可取的。

斯灵格兰德（Slingerland Edward）在所著《无为：概念隐喻和早期中国的精神理想》（*Effortless Action: Wu-wei as Conceptual Metaphor and Spiritual Ideal in Early China*，2003）一书中对当前一些西方老子研究者忽视历代注释的做法提出批评："在本书中我会使用传统中国的注释，尽管传统的注释者比之现代的学者较为不关心避免引入与时代不符（anachronistic）的观点，但是忽视那些将自己的终生都奉献给典籍注释的学者们的洞见同样是愚蠢的。"① 由此看来，老子思想在历史中的"变异"是正常的，不可避免的，虽然某些核心词汇如"无为"、"自然"等因时因人不同而使这些概念被赋予了不同的侧重点，但是其携带着的还是《老子》原典中的基因。唯其如此，老子思想才能跟上时代发展的步伐，才能避免被边缘化的命运。我们也只有认识到这一点，才能辩证地去看待当前学术界对老子思想阐释存在的分歧或"多元"解读。

纵观老子思想的发展历程，从先秦道家到秦汉新道家到魏晋玄学到明清老学继而到当代新道家，再加上西方汉学家等等，他们的注、解、译以及考辨义理等研究在使老子思想发生"变异"的同时，也不断丰富着老子思想的表述方式。② 尹振环认为老子思想的历史生命叙事是一个动态发展的过程："《老子》本是战国时史官向侯王献上的南面术，至西汉初建，汉文帝亦步亦趋的按《老子》思想照办，而至汉武帝时《老子》淡出政治。河上公注《老子》已经尽力将经世治国引向重生、贵生、养生的层面。东汉后期，随着道教的形成，老子化身教主，《老子》则转化为宗教圣典，到魏晋老子被神化，而帝王文化是儒、佛、道三大传统文化的主宰文化：唐太宗尊老子为祖，唐

---

① Edward S. Effortless Action: Wu-wei as Conceptual Metaphor and Spiritual Ideal in Early China[M]. Oxford and New York: Oxford University Press, 2003:3.
② 从历时的角度来看，历代注家主要遵循着字义考据和义理考辨两种传统的阐释方法。唐君毅考察了老学从韩非解老到王弼注老，历经五变；严灵峰援引四史与先秦、汉魏诸子之作；至王弼，老学研究者逾170人。另据严先生考察，推延至当代，共计老子专著1170余种，论说870余篇。可参考唐君毅《中国哲学原论·原道篇》，严灵峰著《老庄研究》，严灵峰著《老列庄三子知见书目》等。转引自袁保新.老子哲学之诠释与重建[M]. 台北：文津出版社，1997：9-15.

玄宗亲自注老，使《老子》结构布局变形。"（尹振环，2008：8）

另据考察，随着明清之际的"西学东渐"，老子思想的表述方式也在发生着变化。如晚清刘鼒和《新解老》第一次将《老子》之书冠以"哲学"之名。① 刘鼒和对《老子》一书的定位评价是与其受到的西学的影响分不开的。与外来文化或异质文明的接触为解读老子思想拓展了新的视域：第一次是魏晋时佛学的传入，为老学研究和阐释增加了释家特色；第二次是从明清到20世纪初，西方传教士以及深受西学影响的晚清和民国知识分子，将西方宗教和哲学的因素融入老学的话语体系之中；第三次就是马克思主义理论对老学研究的影响；及至当前"文化全球化"时代包括海外汉学家的研究在内形成了"多音复调"的老学研究态势。经过时空的变迁，老子道论的话语体系和存在样态也随之而变化。

结语

文化全球化语境下老学的发展已经大大超出了传统老学的研究范畴，西方语境中的术语也经常见诸老学的研究中，显示出当代老学"视域融合"的特点。但是，当代学者对跨越时空的文本的开放性解读往往会解构或消解原文本的含义，并由此引起概念的混淆和理论错位，这一点已经引起了中外学者的广泛关注。在英语文论批评中，有一个词叫"anachronistic"，意思是"时代错误的"。也就是说，后世的一些研究者常将自己时代的术语渗透到老子研究中。安乐哲和郝大维对当前将西方哲学术语如"宇宙论"等不加辨识地用在古典道家世界观的探讨上提出批评。他们认为"'kosmos'（宇宙）这一专门术语是具有其文化特殊性的"②，与汉语中的"宇宙"概念截然不同。张祥龙教授在为兰喜并所著《老子解读》（2006）一书作的序言《老子解读议》一文中，对学界一直流行的"以黑格尔的辩证法来阐释老子"的做法表

---

① 刘鼒和. 新解老·绪言 [M]// 李程. 近代老学研究. 武汉：武汉大学出版社，2008：88.
② 安乐哲，郝大维. 道不远人——比较哲学视域中的《老子》[M]. 何金俐，译. 北京：学苑出版社，2004：17.

示了担忧,他说:"(此书)有少数地方以黑格尔的辩证法来阐释老子,虽是学界一直流行的路子,却令我不安。依我的陋见,辩证法虽然内含曲折(正—反—合),但本性上还是在'遵循一达之道'而非'面对四达之衢',因为它的发展方向——从贫乏到丰富,从低级到高级——已经确定了。"①

基于老学研究的争议,我们发现一些研究者的"前见"遮蔽了他们对其他材料的应用,从而使他们忽视了不同时代、不同文化场域对文本生成和变形的影响,也从而制约了他们的"接受屏幕"。通过梳理老子思想的发生学研究,我们看到文化语境对文本的生成和发展的制约作用。通过对历史文化语境的考察,我们也看到老子思想在历史中的生命叙事是一个动态的发展过程,同时也是不同视域融合的过程。老学研究的不断发展会大大帮助我们把握老子思想体系的脉络并在历史语境中了解老子的精神理想、人文情怀以及时代思潮的发展趋向。

---

① 张祥龙. 老子解读议 [M]// 兰喜并. 老子解读. 北京:中华书局,2006:3.

第二章　老子人道思想在西方的接受与影响

16、17世纪时，与"西学东渐"相伴而生的潮流之一就是"老学西鉴"。随着《老子》在西方的译介和传播，关于老子思想的研究开始大量涌现。老子思想中蕴含的智慧被西方学者进行了深入挖掘，并在西方社会多个层面产生了深远影响。本章在梳理国内外老学研究的基础上，发现老子思想中关于人的存在价值、人与自然和社会之间的关系、人的行为准则等方面的论述引起了西方学者的极大兴趣，特别是近代西方的人本主义哲学和心理学与老子人道思想结下了不解之缘。虽然，当前已有一部分研究涉及此部分内容，但缺乏系统性。

首先，本章立足于《老子》文本中的"人道"思想，解析老子对"人道"理论体系的建构，梳理历代老学研究中对老子人道思想的多元阐释，为与西方人本主义的进一步对话打好基础。其次，从西方哲学史的发生和发展入手，追溯西方对人的存在意义的思考历程，重点考察人本主义思潮产生和发展的情况，分析其进一步发展所面临的困境。然后，观照"老学西鉴"为人本主义哲学和心理学的发展带来的启发意义和深远影响。最后，聚焦"老学西鉴"的"回返影响"，即深受老子思想影响的西方人本主义哲学和心理学对中国老学和心理学等领域的影响，并在此基础上重点考察"老学西鉴"的"回返影响"对中国当代新道家理论建构的意义。

第一节 "老学西鉴"初始：从宗教比附到日常智慧

16、17世纪时，传教士将《老子》西传。《老子》文本的译介和传播催生了大量关于老子思想的研究。西方学术界从宗教、日常生活和人生智慧层面对老子思想的阐发为近现代西方人本主义和老子人道思想之间的对话奠定了基础。

首先，西方传教士对"老学西鉴"来说功不可没，但他们最初只是将《道德经》与基督教比附。如法国传教士雷慕沙（Jean Pierre Abel Rémusat）将"道"翻译为"逻各斯"（logos），马若瑟（Joseph Henri Marie de Prémare）将《道德经》中的"夷、希、微"解释为"耶和华"（Yahveh）。《道德经》进入英语世界后，相关研究承袭了传教士的传统。19世纪中期至20世纪20年代，西方学者对老子思想的研究停留在宗教层面上。如：艾约瑟（Joseph Edkins）、湛约翰（John Chalmers）[1]、詹姆斯·克拉克（James Freeman Clarke）[2]、塞缪尔·约翰逊（Samuel Johnson）[3]、巴尔福（F. H. Balfour）[4]和英国东方学家翟林奈（Lionel Giles）[5]。法国著名汉学家康德谟（Maxime Kaltenmark）受这一时期老学研究的影响将"道"解释为："超出人类理解范围的超现实体验（experience of trans-reality）和宇宙的起源。"[6]

从20世纪20年代开始，西方一些学者开始梳理老子对西方人文

---

[1] Chalmers J. The Speculations on Metaphysics, Polity, and Morality of "The Old Philosopher" Lau-Tsze[M]. London: Trübner & Co, 1868.

[2] Clarke J F. Ten Great Religions[M]. Boston: James R. Osgood, 1871.

[3] Johnson S. Oriental Religions and Their Relation to Universal Religion: China[M]. Boston: Houghton Mifflin, 1877.

[4] Balfour F H. Taoist Texts: Ethical, Political, and Speculative[M]. London and Shanghai: Trübner, 1881.

[5] Giles L. The Sayings of Lao Tzu[M]. London: John Murray, 1906.

[6] Kaltenmark M. Lao Tzu and Taoism[M]. Stanford, CA: Stanford University Press, 1969: 38.

思潮产生的影响。有学者认为老子的道家思想为西方人文思潮的兴起和发展带来了启发意义，如洛夫乔伊（A. O. Lovejoy）[1]、苏利文（M. Sullivan）[2] 论述了西方浪漫主义运动和道家思想之间存在的紧密关联（affinity），茱莉亚·哈迪（Julia Hardy，1998）[3] 认为亚瑟·韦利的译本 *The Way and Its Power*（1934）标志着西方开始广泛地将《老子》当作一种日常生活的智慧和生活方式来看待了。陈荣捷（Chan Wing-Tsit）[4] 也认为《老子》的主要目的就是培养人们的美德和生活的方式。Derek Lin 更是将道家哲学与西方文化结合起来，出版了一系列的书，将道家智慧应用到了日常生活，如 *The Tao of Daily Life*（2007），*The Tao of Success*（2010），*The Tao of Joy Every Day: 365 Days of Tao Living*（2011）。C. 珍妮（Catherine Jenni，1999）[5] 则根据《道德经》得出结论，认为中国人可能是最早的存在主义者。而另一方面，一些学者如阿兰·瓦兹（Alan Watts）[6] 则认为"二战"后东方的禅宗和道家思想渗透到西方人的意识之中，对本土的精神传统构成威胁。

---

[1] Lovejoy A O. Essays in the History of Idea[M]. Baltimore, MD: Johns Hopkins University Press, 1948.

[2] Sullivan M. The Meeting of Eastern and Western Art[M]. Berkeley, CA: University of California Press, 1989:108-113.

[3] Hardy J M. Influential Western Interpretations of the Tao-te-ching[M]//Kohn L, La Fargue M. Lao-tzu and the Tao-te-ching. Albany, NY: State University of New York Press, 1998: 166.

[4] Chan Wing-tsit. A Sourcebook in Chinese Philosophy[M]. Princeton: Princeton University Press, 1963:11.

[5] Jenni C. Psychologists in China: National Transformation and Humanistic Psychology[J]. Journal of Humanistic Psychology, 1999, 39(2):35-36.

[6] Watts A. Psychotherapy East and West[M]. Harmondsworth: Penguin, 1973.

第二节　西方对老子思想中人生智慧的观照

在宗教哲学研究的基础上，一些西方学者开始关注老子思想中蕴含的关于人生的智慧，研究成果主要集中在人性与个人价值、人的行为准则、人与自然的关系、人与社会等四个层面。

一、关于老子思想中的人性与个人价值研究

西方学者关于老子人道思想的研究大多是"西方中心论"的，即用西方的术语来解读老子，如"自我意识"（史华慈，Schwartz）[①]、"主观性"（葛瑞汉，Graham）[②]等。塞缪尔·约翰逊把老子称作是"中国的新教徒"（Chinese non-conformist），认为老子"精神简约"（spiritual simplicity）的伦理主张既不是禁欲的（ascetic），也不鄙视肉体。他认为老子主张"人的价值"在于对人类的爱和服务，生活的自然简单，不干扰他人的自由（1877：862-872）。诺斯罗普（Northrop）[③]比较了东西方关于人性理解的异同，指出道家追求的是对人类的普遍同情心，是对一己私欲的超越。简·吉妮（Jane Geaney）[④]则从认识论的视角指出"老子主张的是自我节制（moderation）"。他认为老子主张限制感官的过度享受（prohibiting sensory excess）以达到在自我节制中无限发展满足感的目的。

---

① Schwartz B. The World of Thought in Ancient China[M]. Cambridge: Bellknap Press, 1985:197-198.
② Graham A C. Disputers of the Tao: Philosophical Argumentation in Ancient China[M]. LaSalle: Open Court, 1989:95.
③ Northrop F S C. The Meeting of East and West: An Inquiry Concerning World Understanding[M]. New York: Macmillan, 1946.
④ Geaney J. On the Epistemology of the Senses in Early Chinese Thought[M]. Honolulu: University of Hawaii Press, 2002:153.

二、关于老子思想中人与自然关系的研究

西方学者对《道德经》中老子关于人和自然之间关系的论述进行了深入挖掘。阿奇·巴姆（Archie J. Bahm）[1]将《道德经》中的老子思想视为一种生态智慧；柯培德（J. B. Callicott）和安乐哲（R. T. Ames）在1989年编著的《亚洲思想传统中的"自然"：环境哲学论文集》[2]一书中讨论了老子思想中的"自然观"和"人和自然"间的关系。

20世纪70年代的女性主义运动促使一些学者挖掘出老子思想中与女性主义主张相一致的元素，并对其进行了一种富有建设性的后现代主义的阐释：如苏珊·格里芬（Susan Griffin）[3]、李约瑟（Needham）[4]等学者认为女性主义分子看到了人类对大自然的征服与对男性对女性的征服的相似之处，强调人类对自然界即刻的、感官上的欣赏是与道家哲学不谋而合的。但也有学者对此持有异议：Alison H. Black[5]、顾立雅（Herrlee Glessner Creel）[6]等学者认为《老子》文本中所使用的女性修辞只是一种语言策略，目的是为老子的政治主张服务的。克莱因贾斯（E. Kleinjaus）[7]和安乐哲[8]也认为老子并非主张用女性为中心的一套价值观来代替普遍的男性价值观，而是追求一种个人

---

[1] Bahm A J. Tao Teh King: Interpreted as Nature and Intelligence [M]. New York: Frederick Ungar, 1958.

[2] Callicott J B, Ames R T. Nature in Asian Traditions of Thought: Essays in Environmental Philosophy[M]. Albany, NY: State University of New York Press, 1989.

[3] Griffin S. Women and Nature[M]. New York: Harper & Row, 1978.

[4] Needham J. Three Masks of Tao: A Chinese Corrective for Maleness, Monarchy, and Militarism in Theology[M]. London: The Teilhard Centre for the Future of Man, 1979.

[5] Black A H. Gender and Cosmology in Chinese Correlative Thinking[M]//C Bynum, S Harrell, P Richman. Gender and Religion: On the Complexity of Symbols. Boston: Beacon, 1986.

[6] Creel H G. What Is Taoism? and Other Studies in Chinese Cultural History[M]. Chicago: University of Chicago Press, 1970.

[7] Kleinjaus E. The Tao of Women and Men: Chinese Philosophy and the Women's Movement[J]. Journal of Chinese Philosophy, 1990, 17(1): 99-127.

[8] Ames R T. Taoism and the Androgynous Ideal[J]. Historical Reflections, 1981, 8(3): 33.

或政治上的理想，以一种平衡、和谐的方式来协调对立面的紧张关系。

丹尼尔·里德（Daniel Reid）[①]则将老子思想上升到生态理念的高度，认为老子学说主张的不仅仅是如何处理男女之间的和谐关系、促进身体健康，更为重要的是将其当作一种精神觉醒的工具，人应与自然之道保持和谐一致。穆雷·布克钦（Murray Bookchin）[②]的著作认为道家哲学主张的是"生物中心一元论"（biocentric monism），正如现代深层生态学一样，将人类作为"万物中的一种生命形式"。彼得·马歇尔（Peter Marshall）[③]认为老子思想为真正的生态社会提供了哲学基础，是一种解决人与自然之间矛盾的方式。

还有一些学者（如Robinet）认为老子的"自然论"是对个人价值的否定，其真正关注的是"人类生存的整体"，"而不是社会"[④]。如同生态学家万普德（V. Plumwood）在其著作《女性主义与掌控自然》（*Feminism and the Mastery of Nature*，1993）一书中评论的那样，道家一方面主张对大自然抽象的甚至是深奥难懂的爱，同时将那种通过人际关系培养的爱的重要性大大降低。它追求的是更为伟大的宇宙的整体，而否定个体的价值（obliterating the value of the individual）。[⑤]生态女性主义被老子思想中"关系性自我意识"（relational sense of the self）所吸引，如澳大利亚生态哲学家西尔万（R. Sylvan）和贝内特（D. Bennett）[⑥]合著的《道家和深层生态学》将老子的生态智慧与现代生态学理论有机

[①] Reid D. The Tao of Health, Sex, and Longevity: A Modern Practical Approach to the Ancient Way[M]. London: Simon & Schuster, 1989.

[②] Bookchin M. Remaking Society[M]. Montreal: Black Rose, 1989: 12.

[③] Marshall P. Nature's Web: An Exploration of Ecological Thinking[M]. London: Simon & Schuster, 1992:23.

[④] Robinet I. Later Commentaries: Textual Polysemy and Syncretistic Interpretations[M]// Kohn L, LaFargue M. Lao-tzu and the Tao-te-ching. Albany, NY: State University of New York Press, 1998:20.

[⑤] Plumwood V. Feminism and the Mastery of Nature[M]. London: Routledge, 1993.

[⑥] Sylvan R, Bennett D. Taoism and Deep Ecology[J]. The Ecologist, 1988, 18(4):4-5.

地结合在一起。皮文睿（R. P. Peerenboom）[①]则尝试通过对自然主义的颠覆来重建道家的环境伦理。

三、关于老子思想中的人与社会关系的研究

早在 1868 年，湛约翰（J. Chalmers）[②]就探讨了老子哲学中的政治思想，在之后的很长时间中，老子思想中的政治层面鲜有论述。直到 20 世纪 80 年代，一些学者开始将老子思想与无政府主义联系起来，如郝大维（D. L. Hall）[③]、史华慈（Benjamin Schwartz）[④]等。自老子思想传播至西方，无政府主义者就声称老子是他们中的一员。有学者如葛瑞汉（Graham）指出，《道德经》是最伟大的无政府主义经典之一。[⑤]布朗文·芬尼根（Bronwyn Finnigan）[⑥]以行为的"意向性"为理论依据，将佛教唯识宗的"无为"与老子和儒家的"无为"进行了比较。埃里克·古德菲尔德（Eric Goodfield）[⑦]将老子思想中的"无为"与西方启蒙时期的政治理念进行了对比，认为老子的"无为"是一种人道精神（Humanism），而启蒙思想中的"无为"则是"反人性的"（Anti-Humanism）。

---

① Peerenboom R P. Beyond Naturalism: A Reconstruction of Daoist Environmental Ethics[J]. Environmental Ethics, 1991, 13(1):3-22.
② Chalmers J. The Speculations on Metaphysics, Polity, and Morality of "The Old Philosopher" Lau-Tsze[M]. London: Trübner & Co., 1868.
③ Hall D L. Eros and Irony: A Prelude to Philosophical Anarchism[M]. Albany, NY: State University of New York Press, 1982.
④ Schwartz B. The World of Thought in Ancient China[M]. Cambridge: Bellknap Press, 1985:197-198.
⑤ Graham A C. Disputers of the Tao: Philosophical Argumentation in Ancient China [M]. LaSalle: Open Court, 1989:299.
⑥ Bronwyn F. How Can a Buddha Come to Act? The Possibility of a Buddhist Account of Ethical Agency[J]. Philosophy East and West, 2011, 61(1):134-160.
⑦ Goodfield E. Wu Wei East and West: Humanism and Anti-Humanism in Daoist and Enlightenment Political Thought[J]. Theoria, 2011, 58(126):56-72.

马克·伯克森（Mark Berkson）①认为道家的圣人是"身在尘世，但不属于尘世"（in the world, but no to fit），他智慧从容地生活于世，而不是逃避现实。同样的，内维尔（R. C. Neville）②和汉森（C. Hansen）③认为，与标准的观点相反，道家并非主张向原始的、前文明的状态转变，而是在文明的生活之内发现原始性（primitiveness），这未必就是主张逃离社会，而是对习俗采取更为怀疑的态度、对根深蒂固的剥削价值观进行的颠覆。内维尔（2008）对老子思想进行的社会伦理学维度的解读非常具有代表性。在其著作《仪式与差异：比较语境中的中国哲学》（2008）④一书中的第四章，专门介绍了道家伦理及其与儒家伦理的差异，强调尽管人们往往认为形而上学（metaphysics）是儒家的一个"分论点"（subtheme），但是道家（philosophical Daoism）关于自然和其主要特征的看法是伦理学直接的重要来源。

第三节 老子人道思想与西方人本主义的对话

老子思想和西方人本主义哲学家和心理学家之间的学理渊源成为西方学术界关注的一个焦点：帕克斯（Parkes, 1987）⑤编著的《海德格尔和亚洲思想》一书中收录了斯坦博（Stambaugh）的《海德格尔、道家

---

① Berkson M. Language: The Guest of Reality—Zhuangzi and Derrida on Language, Reality, and Skillfulness.[M]//Kjellberg, Ivanhoe. Essays on Skepticism, Relativism, and Ethics in the Zhuangzi. Albany: State University of New York Press, 1996:119.
② Neville R C. The Chinese Case in a Philosophy of World Religions[M]//Allinson. Understanding the Chinese Mind: The Philosophical Roots. Hong Kong: Oxford University Press, 1989:63, 70.
③ Hansen C. A Daoist Theory of Chinese Thought[M]. New York: Oxford University Press, 1992:211-214.
④ Neville R C. Ritual and Deference: Extending Chinese Philosophy in a Comparative Context[M]. Albany: State University of New York Press, 2008.
⑤ Parkes G. Heidegger and Asian Thought[M]. Honolulu: University of Hawaii Press, 1987.

和形而上学》(*Heidegger, Taoism, and the Question of Metaphysics*)和柏格乐(Pöggeler)的《东西方之间的对话:海德格尔和老子》(*West-East Dialogue: Heidegger and Lao-tzu*)两篇文章,主要探讨了海德格尔晚年思想受老子思想影响的情况。陈永哲(Chan Wing-Cheuk)[①]将海德格尔的四重奏理念追溯至《老子》第二十五章中的"四大"概念,指出海德格尔的"天、地、神、人(mortals)"四重奏体现出与老子"域中四大"观念之间的关联。王蓉蓉(R. R. Wang)[②]探讨了如何将中国哲学带入到全球话语中,其中刊载了张祥龙的论文《海德格尔的语言观和老庄的道论语言观》。西方学者对老子和其他人本主义哲学家和心理学家之间的关系研究还包括:马琳(M. Lin)[③]在比较了列维纳斯和老子的思想之后,得出结论说,如果没有向我们习惯上称之为非西方哲学寻求帮助的话,西方哲学很难前行。金英昆(Young Kun Kim)[④]讨论了黑格尔对老子思想的评价和老子思想对黑格尔的影响。琼斯(R. H. Jones, 1979)[⑤]则深入分析了分析心理学家荣格与道家思想之间的关联。伊爱连(Irene Eber, 1994)[⑥]追溯了道家思想对马丁·布伯的影响。黎岳庭(Lee Yueh-Ting, 2003)[⑦]探讨了老子对人本主义心理学家马斯洛的影响。

西方人本主义哲学强调人的价值和主体性意义,但是过于强调人的主观能动性,因而造成人与自然的分离。而老子思想则是在传统"天人合

---

① Chan Wing-cheuk. Phenomenology of Technology: East and West[J]. Journal of Chinese Philosophy, 2003, 30(1):1-18.

② Wang R R. Chinese Philosophy in an Era of Globalization[M]. Albany, NY: State University of New York Press, 2004:195-214.

③ Lin M. Levinas and the Daodejing on the Feminine: Intercultural Reflections[J]. Journal of Chinese Philosophy, 2012, 39(1):152.

④ Kim Y K. Hegel's Criticism of Chinese Philosophy[J]. Philosophy East and West, 1978, 28(2):173-180.

⑤ Jones R H. Jung and Eastern Religious Traditions[J]. Religion, 1979, 9(2):141-156.

⑥ Eber I. Martin Buber and Taoism[J]. Monumenta Serica, 1994, 42(1):445-464.

⑦ Lee Y T. Daoistic Humanism in Ancient China: Broadening Personality and Counseling Theories in the 21st Century[J]. Journal of Humanistic Psychology, 2003, 43(1):64-85.

一"的思想基础上,建立了一套"人法地、地法天、天法道、道法自然"的道论体系,为西方近现代人本主义哲学思想的发展提供了一个"他者"的视角。总而言之,随着时代的变迁,在叔本华(Arthur Schopenhauer,1788—1860)、黑格尔(Georg Wilhelm Friedrich Hegel,1770—1831)、尼采(Friedrich Wilhelm Nietzsche,1844—1900)和海德格尔(Martin Heidegger,1889—1976)之后,西方对古老神秘的东方智慧兴趣渐浓,很多西方的思想家从老子思想的光辉中意识到东方对伦理、政治的强调在哲学理论和实用性上都意义重大。[1]

国内学者关于老子人道思想对西方人本主义的影响研究成果丰硕。北辰(1997)[2]介绍了老子思想在欧洲的研究情况,简要评述了法国、德国、英国、荷兰等欧洲主要国家对老子的接受情况。徐复观(2001)分析了西方转向东方哲学思想的原因,他认为:希腊哲学发展到斯多葛学派(stoicism)时,将以"知识为主"的哲学传统转变为以"人生、道德为主"的哲学,人生价值成为关注焦点,而"欧洲文艺复兴运动通过古希腊文化重新发现了人和自然,然而却不幸地走上了人与自然分离的道路。正是这种分离导致了当代科学文明的危机。正是在这一危机中,骄傲的西方人才开始回过头来注视几个世纪来被遗忘的、主张人与自然和谐的东方文化"[3]。朱谦之(2005)著的《中国哲学对欧洲的影响》认为欧洲的18世纪是"反宗教"的理性时代,"理性的有些观念是从中国来的"[4]。卢梭(Jean-Jacques Rousseau,1712—1778)"复归自然"的思想来自老子的影响。(狄德罗通过日本书籍了解了老子思想,将其翻译为Rossi,而卢梭是狄德罗的好友,两人交往密切。)

老子对德国哲学家的影响是国内学者研究的重镇。班秀萍(1991)[5]讨

---

[1] Jones K. The Philosophy of the Daodejing[J]. The International Journal of the Asian Philosophical Association, 2008, 1(1):35.

[2] 北辰.《老子》在欧洲[J]. 宗教学研究, 1997 (4): 102-106.

[3] 徐复观. 中国人性论史·先秦篇[M]. 上海:上海三联书店, 2001.

[4] 朱谦之. 中国哲学对欧洲的影响[M]. 上海:上海人民出版社, 2005:1943.

[5] 班秀萍. 人与世界一体——海德格尔与老子哲学比较之一[J]. 内蒙古大学学报(哲学社会科学版), 1991 (3): 45-46.

论了海德格尔对"物之为物"和"天、地、神、人"的思考与老子人道思想的关系。张祥龙是研究海德格尔哲学的专家,他对海德格尔和老子思想之间的对话进行了长期研究。1997年出版了《海德格尔思想与中国天道》。1998年出版的《海德格尔传》介绍了海德格尔的生平,及他的主要著作与哲学思想的形成过程,对他的一生及其思想作了客观阐释,特别对他接受中国老子思想的文字很有历史意义。张祥龙(2005)[①]撰文介绍了《海德格尔全集》第75卷中海德格尔引用《老子》第十一章来阐释荷尔德林的诗作的资料,是对当前老子对海德格尔影响的又一力作。谭渊(2011)[②]在论文中考察了《老子》在德国汉学界的四个代表性译本(1870年施特劳斯译本、卫礼贤的《老子》德译本、德博《道德经——道路与美德的神圣之书》、施瓦茨1970年推出的代表东德汉学成就的译本《道德经》),认为老子在德国长期被神圣化,直至20世纪老子作为伟大哲学家和东方智慧典范的地位才在德国得到了普遍承认。

近现代中国的老学研究深受西方思潮的影响。如古史辨派[③]、张岱年(1982:20)[④]、劳思光(1993:252)[⑤]、徐复观(1988:329)[⑥]、高亨(1988:1-2)[⑦]等。他们将西方哲学当作是唯一的哲学标准,认为中国哲学只有在西方哲学的框架中才有意义。

同时,深受西方文化和治学理路影响的一些中国学者开始对中外的老学研究持怀疑和批判态度,如叶舒宪(2005)[⑧]的老学研究很显然受到西方语言学和人类文化学的影响,在其《道家伦理与后现代精神》一文中,叶舒宪批评了马克斯·韦伯将思想史和社会史命题进行倒置的做法,指出:

---

① 张祥龙.海德格尔论老子与荷尔德林的思想独特性——对一份新发表文献的分析[J].中国社会科学,2005(2):69-83.
② 谭渊.《老子》译介与老子形象在德国的变迁[J].德国研究,2011(2):62-68.
③ 罗根泽.古史辨:第四册,第六册[M].上海:上海古籍出版社,1982.
④ 张岱年.中国哲学史史料学[M].上海:三联书店,1982.
⑤ 劳思光.中国文化路向问题的新检讨[M].台北:东大图书股份有限公司,1993.
⑥ 徐复观.儒家政治思想与民主自由人权[M].台北:台湾学生书局,1988.
⑦ 高亨.老子正诂[M].北京:中国书店,1988.
⑧ 叶舒宪.老子与神话[M].西安:陕西人民出版社,2005:39-40.

道家智慧与资本主义和现代化本来是格格不入、背道而驰的。李美燕的论文《李约瑟与史华慈眼中的老子"自然"观》(2006)①从两人的学术立场、意识形态和研究方法进行了比较，指出李约瑟以先入为主的西方文化的本位立场对道家思想进行了诠释，而史华慈虽然想避免李约瑟的错误，也积极寻找老子自然观和西方哲学的汇通之处，认为中国思想中不存在化约主义的倾向，但他缺乏对中国思想进路的整体把握。

老子人道思想与西方人本主义心理学之间的关系也是国内学者关注的重点。高岚、李群（1999）②介绍了第一届分析心理学与中国文化国际研讨会的成果，特别是中西方学者对分析心理学家荣格和老子思想之间关系的研究，提到了国际分析心理学会（IAAP）主席 Luigi Zoja、美国德州大学 David Rosen、美国加州东方西方整合学院院长 Leland van den Daele、中国学者申荷永等中外专家对老子思想在西方心理学领域产生的影响进行了深入对话和交流，中外在本领域的研究开始进入一个东西方主动"整合"的新阶段。"Geoff Blowers 总结了分析心理学在中国的传入及发展，有关的翻译与研究，比较了分析心理学与经典精神分析的发展，并且对分析心理学在中国的未来发展做出了展望。"（高岚、李群，1999：36），张汝伦（2015）③从跨文化对话的角度讨论了马丁·布伯和海德格尔与老子思想之间的关系。

另外，一部分学者在东西方双向对话的基础上，将当代老学研究推向了一个新高度，即当代新道家的理论构想为老学在全球化语境下的研究提供了新的视角，是对老子思想现代话语转换的大胆尝试，如董光璧（1991）④、赖锡三（2004）⑤等。

---

① 李美燕.李约瑟与史华慈眼中的老子"自然"观[M]//许纪霖，宋宏.史华慈论中国.北京：新星出版社，2006：390-399.
② 高岚，李群.分析心理学与中国文化——记第一届分析心理学与中国文化国际研讨会[J].学术研究，1999（2）：33-35.
③ 张汝伦.德国哲学家与中国哲学[J].复旦学报（社会科学版），2015（2）：48-54.
④ 董光璧.当代新道家[M].北京：华夏出版社，1991.
⑤ 赖锡三.神话、《老子》、《庄子》之"同""异"研究——朝向"当代新道家"的可能性[J].台大文史哲学报，2004（61）：139-178.

结语

根据以上论述，我们认为本领域还有可进一步挖掘的空间，主要有如下几点。

第一，西方学者大多关注的是老子思想在西方的译介和影响，而忽视了文本在异质文明间传播时，由不同的文化场域所引起的"变形"或"变异"。也就是说，当研究者所依据的《老子》译本将"道"阐释为"reason""principle""rules""entity""providence""gate"（如谢林）等概念时，他们所理解的老子思想事实上已经发生了变化。而这一点与阐释者当时的"文化语境"相关。因此，本领域的研究亟须"文化语境"和"文本变异学"等相关理论的介入，以开拓跨文化文本阐释和影响研究的新视域。

第二，国内外很多学者的论文往往围绕某一位西方人本主义哲学家或心理学家进行研究，缺乏对人本主义思潮的整体观照。因此，我们有必要以西方人本主义思想为主线，钩沉老子思想与人本主义思想对话的历程，从而进一步发现老子思想为世界文明发展作出的贡献。

第三，当前研究缺乏"回返影响"研究。中外学者大多关注老子人道思想在西方的行旅，而忽视了"老学西鉴"（和"老学西渐"）对中国相关领域产生的"回返影响"。因此，本书认为国内老学研究者应坚持"放眼全球，立足中国"的研究原则，既要关注老子人道思想对西方人本主义的影响研究，也要关注"回返影响"。本书认为在文化全球化的今天，对老子人道思想的影响和"回返影响"的研究有利于进一步促进中外老学研究的发展，同时也有利于当代新道家的话语和理论建构，从而让古老的道家智慧为中国和世界的可持续发展带来新的启迪。

第三章　文化全球化语境下的老子思想译释研究

老子思想的古今演变研究经历了"本土—全球"的发展路径。传统的老子思想研究集中在对老子作品的注疏以及与其他思想的横向比较上，各注家在注疏《老子》的同时，也纷纷申说自己的主张，以至于在历史发展的过程中，老子思想演变为不同的分支流派，如道家、秦汉新道家、魏晋玄学、道教等。这些流派在老子思想的基础上，对其演化、阐释，并衍化成新学说。但是，随着老子思想被西方传教士传播至海外，老子思想的研究开始走上"全球化"的研究道路，老子思想呈现出各种不同的"话语形态"。同时异质文化和文明间的碰撞和互融为老子思想的发展和演变带来了新的契机。日、法、德、英、美、加拿大等国家的学者对老子思想作出了多元化的阐释。不同文化间的交流和对话使老子思想在反思自身的同时，也在进行着自觉的自我更新。本研究认为，老子思想的任何"话语形态"都是在特定历史文化语境下的产物。那么，在当今"文化全球化"的语境下，老子思想又会以怎样的面貌和形态呈现在世人面前呢？这是我们要努力尝试揭示的一个问题。

第一节 "文化全球化"语境下老子思想的存在样态

从老学译介史来看,《老子》译介的过程就是一个"视域融合"的过程。从西方传教士对老子思想的比附,到西方学者对老子思想中蕴含的日常智慧的挖掘,再到近现代中国学者对西方哲学的接受和发展,老学光谱中无不散发着东西方视域融合的光芒。19世纪美国超验主义思想家塞缪尔·约翰逊(1877)把老子称作是"中国的新教徒"(Chinese non-conformist),认为老子"精神简约"(spiritual simplicity)的伦理主张"既不是禁欲的(ascetic),也不是悲观的(pessimistic),也不鄙视肉体。人存在的价值是对人类的爱和服务,生活的自然简单,不干扰他人的自由"。[1] 英国的东方学家翟林奈(Lionel Giles,1906)则直接将"道"译为"上帝";[2] 美国译介《道德经》第一人保罗·卡路斯(Paul Carus,2000)将《道德经》第四十二章中"道生一,一生二,二生三,三生万物"与基督教中的"三位一体"概念结合在一起。[3] 近代的西方翻译家则将西方哲学中的术语带入到了老子思想中,丰富了世界老学的话语体系,如"实体"[4]"自我意识"[5]"主观性"[6] 等。20世纪70年代的女性主义运动促使一些学者挖掘出老子思想中与女性主义主张相一致的元素,并对其进行了一种富有建设性的后现代主义的阐释。美国激进的女性主义学者苏珊·格里芬(S. Griffin,

---

[1] Johnson S. Oriental Religions and their Relation to Universal Religion: China[M]. Boston: Mifflin, 1877:862-872.

[2] Giles L. The Sayings of Lao Tzu[M]. London: John Murray, 1906.

[3] Carus P. The Teaching of Lao-Tzu: The Tao Te Ching[M]. New York: St. Martin's Press, 2000.

[4] Carrithers M, Collins S, Lukes S. The Category of the Person: Anthropology, Philosophy, History[M]. Cambridge: Cambridge University Press, 1958:13-14.

[5] 史华慈根据《老子》第三十八章(郭店楚简《老子》中无本章)认为:具有最高德行的人是"无我"的,即没有自我意识(without any self-consciousness)。参见:Schwartz B. The World of Thought in Ancient China[M]. Cambridge: Bellknap Press, 1985:197-198.

[6] Graham A C. Disputers of the Tao: Philosophical Argumentation in Ancient China[M]. LaSalle: Open Court, 1989:95.

1978）①、美国后现代理论研究专家大卫·格里芬（D. R. Griffin, 1988）②、美国多领域研究专家迈克尔·齐默尔曼（M. Zimmerman, 1994）③、澳大利亚环境学家阿伦·盖尔（A. Gare, 1995）④、英国历史学家尼达姆（Needham, 1979）⑤等学者认为西方的女性主义主张与老子哲学不谋而合。

以上例证无不体现出"视域融合"的特点。从哲学阐释学的视角来看，伽达默尔认为："视域就是视觉的范围，包括从某个特定的立足点出发能够看到的一切。"⑥也就是说，"理解过程中总是有两个视域存在，一个是理解对象（文本）的过去的视域，一个是阐释者的当下视域。两个视域不可避免地存在着距离与差异，这种距离与差异只能通过视域融合来解决，而视域融合必定包括翻译策略的选择、'技'与'艺'的取舍以及注解的提供。翻译是文本与译者的对话，对话的本质其实就是视域融合"⑦。事实上，《老子》译介不仅涉及中外，还涉及古今，即对《老子》文本的外译不仅需要将中文与外文转化，还要在古代汉语与现代汉语之间进行转化。而不断出土的古文献对中外翻译家提出了新的挑战。因此，可以说，《老子》英译是一个多维度视域融合的过程。

文化全球化是在经济全球化的裹挟下发生的，"经济全球化给文化界带来的一个直接后果就是文化全球化"⑧。"文化全球化"的发展进程引起了一些文化学者的担心，担心多元文化的样态会在"文化全球化"的语境下

---

① Griffin S. Women and Nature: the Roaring Inside Her[M]. New York: Harper & Row, 1978.
② Griffin D R. The Reenchantment of Science: Postmodern Proposals[M]. New York: State University of New York Press, 1988.
③ Zimmerman M. Contesting the Earth's Future: Radical Ecology and Postmodernity[M]. Berkeley, CA: University of California Press, 1994.
④ Gare A E. Postmodernism and the Environmental Crisis[M]. London: Routledge, 1995.
⑤ Needham J. Three Masks of Tao: A Chinese Corrective for Maleness, Monarchy, and Militarism in Theology [M]. London: The Teilhard Centre for the Future of Man, 1979.
⑥ Gadamer H G. Truth and Method [M]. London: Sheed and Ward Ltd, 2004:301.
⑦ 余斌. 译者主体性在"对话"与"视域融合"中的彰显[J]. 上海翻译, 2015（3）: 45.
⑧ 王宁. 全球化时代的文化研究和翻译研究[J]. 中国翻译, 2000（1）: 10-14.

转变成为"单极化"的文化。也有一些学者对"文化全球化"持乐观态度："（文化）全球化不仅有利于西方的强势文化向弱势文化侵略和渗透，它在某种程度上也为弱势文化对强势文化的抵抗和反渗透提供了契机。"①

在当前的"文化全球化"语境下，老子思想的存在样态主要有以下两种形式。

（一）比较视野中的老子思想研究

在当今文化全球化的语境下，西方学者对代表中国文化的道家思想的研究如火如荼，而中国学者和政府也正积极地将自己的民族传统文化推向世界。当老子思想被置于跨文化的语境中时，"比较"成为中外文化学者最常用的方法，主要体现在三个层面上。第一个层面是《老子》不同版本之间的文本比较，研究成果中往往包含众多国际学者的重要观点。《老子》版本的多样性形成了一道别样的文化风景。在历史的传播过程中，《老子》经历了历代注家的增删加工，其文本样态发生了极大改变。较为流行的版本除了通行本（多以王弼本为底本）外，还有（西汉）河上公本，（唐）傅奕本等。随着1973年马王堆帛书本和1993年郭店楚简本相继出土问世，不少学者倾向于将目前所能找到的最古老的版本作为研究老子思想的权威版本。而刘笑敢先生（2006）则在《老子古今》②一书中通过对5种不同版本的校勘，发现不同时代的编校者在校勘《老子》文本时出现的"语言趋同"③和"思想聚焦"④现象，并通过平行比较的方法指出历代编校者都是根据自己心中的"理想文本"和"古本原貌"对《老子》文本不断地进行修

---

① 王宁.文化翻译与经典阐释[M].北京：中华书局，2006：26.
② 刘笑敢.老子古今[M].北京：中国社会科学出版社，2006.
③ 刘笑敢教授通过详尽的排查对照，发现《老子》的古本原貌并非像通行本那样使用大量的排比、对偶或押韵句式，也没有那么多的三字句和四字句。通行本之所以句式整齐是后世编校者不断有意识地加工改造的结果，尤其是通过删减原文的虚词来追求句式的简洁、整齐，作者将其称为"语言趋同"。
④ 通行本《老子》中的"自然""无为"等核心概念大量出现，这并非《老子》古本的实际情况，从古本（如竹简本和帛书本）到传世古本（如傅奕本）再到通行本（如王弼本和河上本），这些核心概念呈现出逐步增多的趋势，刘笑敢教授称其为"思想聚焦"。

改加工，如严灵峰的《老子章句新编》（1955）[①]和古棣、周英的《老子校诂》（1998）[②]均是根据自己理解的老子思想对《老子》文本进行了重新的编排，并自认为是"最接近《老子》原貌的善本"。这些编校者的修改加工一方面是为了追索"古本原貌"，另一方面是使文本更加"通顺、合理"，"文从字顺、义理条贯、合辙押韵"成为编校者心目中《老子》"理想文本"的标准。由此，刘笑敢指出并不是古本才是最好的，反而是经过历代编校者不断加工过的版本更加合理。在此研究中，刘笑敢将英国学者葛瑞翰（A. C. Graham）的《庄子》研究作为参照，将日本学者岛邦南的观点撷撮其中，突出了当代《老子》研究的全球性特色。（刘笑敢，2006：38-42）无论是从以刘笑敢教授为代表的研究学者的国际身份来看，还是从其研究的全球视野来说，当代老子研究被深深刻上了"文化全球化"的印记。

第二个层面是对阐释者的比较研究。一方面是国外学者对中国的《老子》阐释者进行比较，另一方面是中国的研究者对中外或国外的不同阐释者进行比较研究。前者的典型代表是德国著名的汉学家鲁道夫·瓦格纳对王弼《老子注》[③]的全新解读。作者将"文字学"与"哲学"有机结合，通过形式逻辑分析的方法将王弼《老子注》的文本进行语句切割与划分，同时认真解析、比照了众多的《老子》版本，包括楚简本、帛书本、傅奕本、严遵本、范应元本和想尔本等，将王弼的注释技巧和语言风格显性地表达出来。而后者主要体现在比较哲学和跨文化研究领域的硕士和博士论文中。如2011年一篇硕士论文为《系统功能语言学视阈下〈道德经〉英译本元功能对比分析——以林译与韦译为例》[④]，将林语堂译著的《老子的智慧》与亚瑟·韦利翻译的《道德经》版本置于系统功能语言学的视角下进行了比较研究。

---

① 严灵峰. 老子章句新编 [M]. 台北：中华文化出版事业委员会，1955.
② 古棣，周英. 老子校诂 [M]. 长春：吉林人民出版社，1998.
③ 瓦格纳. 王弼《老子注》研究 [M]. 杨立华，译. 南京：江苏人民出版社，2008.
④ 雷英. 系统功能语言学视阈下《道德经》英译本元功能对比分析 [D]. 长沙：长沙理工大学，2011.

第三个层面主要是老子思想与西方哲学思想的比较研究。一方面，老子思想作为中华文化特有的文化符号成为比较哲学研究关注的对象，常被拿来与西方的哲学家进行比对，如老子与海德格尔哲学思想的比较，[①] 马克思和老子在"人与自然关系"方面的思想比较[②]，柏拉图的"人与自然"的思想及其与老子比较研究，[③] 黑格尔的"绝对理念"和老子之"道"的比较研究[④]，弗吉尼亚·伍尔夫现代主义思想与老子道家哲学的比较研究[⑤]，等等。老子思想成为中国学者了解西方的参照，同时也是西方学者窥探了解中国的窗口。从另一方面来看，老子思想已经深深融入西方文化中，成为西方文化发展、深化的催化剂，代表性研究包括卡尔·罗杰斯人本哲学思想及渊源探析[⑥]、泰德·休斯自然诗中的道家思想[⑦]、玛丽安·莫尔动物诗歌中的老子生态伦理思想[⑧]等。

（二）翻译研究视域中的老子思想

在向异质文明传递的过程中，老子思想被翻译成多种语言，成为世界上除《圣经》外被翻译最多的文本。在译介过程中，不同的译本呈现出不同的翻译风格。笔者发现，至少有三个版本属于"文本变译"，即译者完全按照自己的理解打乱了源文本的顺序，将不同章节的内容重新洗牌，按照主题进行分章。由此，老子思想在异质文化和文明中形成了风格别具的"话语形态"。在历史进程中，老子思想被数次排挤、压制，但是其强大的"包容力"和"亲和力"使其在接受外来文化冲击的同时，也向异域文

---

① 波格勒，张祥龙. 再论海德格尔与老子 [J]. 世界哲学，2004（2）：103-108.
② 王永灿. 对老子自然之道的辩证解读——以马克思主义为研究视角 [J]. 荆楚学刊，2019（5）：41-46.
③ 沈晓武. 柏拉图的人与自然的思想及其与老子比较研究 [D]. 合肥：安徽大学，2005.
④ 王静. 黑格尔的"绝对理念"和老子之"道" [D]. 贵阳：贵州大学，2006.
⑤ 明艳. 平衡和谐之美——弗吉尼亚·伍尔夫作品中的现代主义思想与老子哲学比较研究 [J]. 艺术品鉴，2017（13）：26-27.
⑥ 詹伟鸿. 卡尔·罗杰斯人本哲学思想及渊源探析 [D]. 南昌：江西师范大学，2007.
⑦ 李艳. 泰德·休斯自然诗中的道家思想 [D]. 长沙：中南大学，2008.
⑧ 刘海燕. 玛丽安·莫尔动物诗歌中的老子生态伦理思想 [D]. 长沙：中南大学，2008.

化辐射自身的能量。当历史的发展将老子思想推到世界时,全球化的文化语境使老子思想再次面临着更大的机遇与挑战。老子思想的"变异"也迎来了新的转折点。老子思想正如有机体一般,不断经历着体系化的新陈代谢。据相关研究表明,早在17世纪时,比利时耶稣会士卫方济(François Noël,1651—1729)就将《老子》翻译为拉丁文。伦敦印度事务局(the India Office)所藏的一份《老子》拉丁文译稿据推测可能是法国耶稣会士傅圣泽(Jean François Foucquet,1663—1739)所作。"当时的这些译者翻译《老子》的目的主要是证明古代中国人亦知晓'三位一体'及'上帝'化身之奥秘。"(俞森林,2015:49-50)也就是说,西方传教士译介《老子》的目的是为了在中国典籍中找到比附基督教义的内容。理雅各(James Legge)在1891年翻译了《老子》,但也是将基督教教义强加在《老子》英译本中。这一情况在20世纪初开始有了明显的改观。茱莉亚·哈蒂(1998)发现1915年左右西方对《老子》文本的阐释开始由宗教比附转为严谨的阐发,从而改变了老子思想在西方行旅的路径,老学研究开始从边缘走向中心,并由此成为西方汉学中的一门显学。[1]20世纪60年代末到90年代,随着学术交流的日益频繁和女性主义运动的兴起,老子思想在西方的阐释也被打上了时代的烙印。陈张婉莘(Ellen M. Chen,1969)、冯家富和简·英格利斯(1989)、史蒂芬·米歇尔(Stephen Mitchell,1988)、梅维恒(Victor H. Mair,1990)以及勒瑰恩(Ursula K. Le Guin,1997)等学者为《老子》文本中注入了女性主义的色彩。

老子思想在西方的传播体现出与当地文化的互动,而其在日本的传播也呈现出与日本本土文化相趋合的样态:第一,与神、儒结合,儒、道被视为一家;第二,老子思想中的"独善主义"被改造成日本社会所需要的"忠君爱国"思想;第三,被改造成为反对封建制度而提倡的"自然世"思想。[2]在日本的传播过程中,老子思想被深深打上了日本文化特色的烙印:

---

[1] Hardy J M. Influential Western Interpretations of the Tao-te-ching[M]//Kohn L, LaFargue M. Lao-tzu and the Tao-te-ching. Albany, NY: State University of New York Press, 1998.
[2] 李威周. 略论老庄思想与日本[J]. 外国问题研究,1987(2):19.

老子与儒教合一；独善主义变为忠君思想等，形成了一种"日本化"的思想。总之，东西方学者的解读凸显了老子思想研究的全球性意义。但是，国内一些学者的研究还停留在翻译策略的争论之中，"异化"与"归化"的持续争论不利于老子思想的对外译介。

从老子思想的演变路径来看，老子思想在海外的传播经历了一个由"宗教比附"到"自觉、自发"的发展过程，依靠的不是"侵略"，而是践行"和而不同"的文化主张，承认各民族间和国家间的文化差异。我们的传统文化"走出去"的发展战略不是靠文化的侵略，而是与世界文化的能动融入。当前"文化全球化"语境下，对于老子思想的研究既有机遇又有挑战。挑战是如何避免老子思想成为西方文化的附庸，如何保持老子思想的独特性，而不至于失去其独有的文化属性，淹没在强势文化中。我们应该充分利用"文化全球化"的大背景，积极推动民族文化的发展、更新，以"开放"的姿态融入"文化全球化"的发展进程之中。由此，笔者提出以下几点建议：第一，我们应将老子思想看成是一个动态发展的、不断变异的文化形态进行整体的把握。中外学者不应仅仅将研究集中在对老子思想的追根溯源上，而是在回顾文本发展进路的同时，关注老子思想的现实意义和对未来世界发展的启示。第二，老子是人类的共同精神财富，中外学者应联起手来，共同开发、挖掘这座精神宝藏。这就要求我们排除偏见，以"包容""开放"的心态促进世界老学的发展。第三，老子思想的译介研究应少一些"策略之争"，过强的目的性反而会损伤文本内容的传递。中西学者应该将寻找有效的文化传播途径作为首要任务，淡化或避免极端的文化心态。

老子思想研究的"全球化"体现了世界文化的"多元性"特征，在获得异质文化认同的同时，也为世界文化的发展摸索了一条可持续发展的有效路径。

第二节　从典型译本看老子思想的多视域融合

20世纪70年代马王堆帛书《老子》的问世为翻译家提供了更多有价值的文献。美国汉学家韩禄伯（Robert G. Henricks）1989年在纽约出版的《老子德道经：新出马王堆本注译与评论》就是以马王堆帛书《老子》为底本的。他的这一译本受到哈佛大学汉学家费正清（John King Fairbank）教授的高度评价。在该书1992年版的扉页上记录了费正清的评论："韩禄伯教授的新著，于普通读者有两大长处：一是他简洁地说明了老子这部著名经典的最新的文本发现。……第二个优点在于它的精到与简明……对每一句中的术语都有相当合理的解释。"[1]

20世纪90年代初郭店楚简《老子》的出土掀起了又一波《老子》英译热潮。英国汉学家史蒂芬·霍吉（Stephen Hodge）的英译本就是在参阅了《老子》的通行本、帛书和竹简等文献资料的基础上完成的。[2] 霍吉对类文本的选择、对原文本的重新编排和对关键概念的处理都极具研究价值。但遗憾的是，到目前为止，还没有专门的论文对霍吉《道德经》英译本进行研究，希望我们的尝试能够为当今老学研究提供一些有价值的参考。

坦白来说，能够在国内外各大图书馆和网站上找到的与霍吉相关的资料并不多。我们只知道他是一位持戒修行的佛教徒。1969年到1972年，霍吉在伦敦大学亚非学院毕业，获得学士学位。在之后的九年（1972—1981）中，他在日本东北大学（Tohoku University）研修早期的密宗佛法，并于1974年在日本的高野山（Mt. Koya）受戒成为一名真言宗（Shingon，日本佛教的一个派别）佛教徒。回到伦敦后，霍吉除了在伦敦大学伯贝克学院和伦敦佛学会讲授佛学外，将主要的精力放在了对中国藏族语言、藏传佛

---

[1] Henricks R G. Te-Tao Ching by Lao-Tzu: Translated from the Ma-Wang-Tui Texts with Introduction and Commentary[M]. New York: Modern Library, 1992.

[2] Hodge S. Tao Te Ching: A New Translation and Commentary[M]. Highlands Ranch, CO: B E S Publishing, 2002.

教、中印佛教典籍以及《道德经》的翻译和研究工作上。2002年，霍吉翻译出版了《道德经》。

霍吉在文本中将"译"和"释"有机结合，即除了文本翻译外，还运用大量篇幅对每一章节进行详细阐释。在"引言"部分，霍吉梳理了老子思想和《道德经》文本生发的历史语境，包括商周时期的社会样貌、先秦时的天命思想、士的崛起、孔孟学说以及道教的产生和发展，从而为目标读者勾勒出老子思想形成和发展的文化背景，以使其更好地理解文本中的内容。而进入到正文部分，我们不禁被霍吉重组文本的做法惊呆了，他完全打破了通行本中的篇章结构，按照主题将《道德经》中的段落重新组合在一起，形成了一个全新的《道德经》文本。另外，引起我们关注的是霍吉对类文本的设计、应用以及对关键概念的阐释上，如果不是霍吉的《道德经》英译本，我们很难将一个英国佛教徒、一个中国古代道家思想家和中国开国领袖毛泽东联系在一起。史蒂芬·霍吉（Stephen Hodge）的西方文化背景和其对中国语言文字、宗教文化的热爱使其具备了多重文化身份，这些都深切地体现出"视域融合"的特点。我们尝试从译本结构、类文本和关键概念的译释三个方面入手，进一步探讨和论证视域融合在霍吉译本中是如何实现的。

一、从霍吉译本看视域融合

对于《老子》文本的篇章结构而言，历来众说纷纭，莫衷一是。目前流行的通行本分为上篇《道经》和下篇《德经》两部分，共81章。但《史记》中说："老子乃著书上下篇"，并未提及其分章之说。1993年10月从郭店出土的竹简《老子》也未将其分章。汉代严遵《道法指归论》中则将其分为72章，唐玄宗开元御注本将其分为78章，元代吴澄和晚晴魏源都将《老子》分为68章，而当代老学研究家尹振环的专著《帛书老子再疏义》（2007）则将其分为112章。

从《道德经》英文译本的文本形态来看，英文译本中存在的重编或重组现象也并非个例。我国近现代老学研究专家马叙伦（1965）认为通行本《老子》在流传的过程中肯定发生了很多变形。比如《老子》第二章中第一部分（即"天下皆知美之为美"部分）包含了一个主题，第二部分（"是以圣人处无为之事，行不言之教"）应该是后人的评论，而最后一句中的"万物作焉而不辞"也出现在第三十四章和第三十五章，由此，马叙伦认为这一句应该在第三十四章，后人错误地将其放在第二章了。马叙伦对《老子》文本章节的修改影响到了杜毅闻达客 J. J. L. Duyvendak（1889—1954）出版的《道德经》（1954）英译本。① 1948 年，林语堂曾将《老子》翻译成英文，起名《老子的智慧》（*The Wisdom of Laotse: Introduction & Notes*, 1948）② 并附上注释和自己的阐释，在纽约出版。林语堂按照通行本的顺序将 81 章分为七部分，而每一章被冠上一个标题，以显示章节中的主要内容。但总体来说，林语堂的英译版本并未把通行本中的顺序打乱，只不过按照章节顺序加上了标题。刘殿爵（D. C. Lau，1963）认为《道德经》中的篇章顺序存在问题，于是在其《道德经》英译本中将老子 81 章分成了 196 段。③

以上三位译者虽然在《道德经》文本结构上作了一些调整，但是基本上与所借鉴的《道德经》底本顺序相符。而霍吉在处理《道德经》文本结构时，则显得更为大胆，主观性也更强。他根据自己的理解把原来的顺序完全打乱，并将其重新划分为六个部分，分别是："语言及导入（language & guidance）"，"宇宙学和引导原则（cosmology & the guiding principle）"，"个人修养（personal training）"，"社会管理（dealings with society）"，"统治之道（the art of governing）"，"战争（warfare）"。

霍吉把《道德经》中的每一章节进行了拆分，并按照以上 6 个主题重

---

① Shaughnessy E L. The Guodian Manuscripts and Their Place in Twentieth-Century Historiography on the Laozi [J]. Harvard Journal of Asiatic Studies, 2005, 65(2): 433.
② Lin Yutang. The Wisdom of Laotse: Introduction & Notes[M]. New York: Modern Library, 1948.
③ Lau D C. Lao Tzu: Tao Te Ching[M]. Harmondsworth: Penguin Books, 1963.

新组织结构，这样革新式的整理在翻译中是不多见的。笔者将霍吉重组后的文本结构与其所依据的通行本的结构进行了对照。（见表1）

表1 《道德经》通行本原序与新序对比

原序	新序	原序	新序	原序	新序	原序	新序	原序	新序
1	I.1	20a	I.5	35	III.9	52b	III.16	67b	IV.8
2	I.4	20b	III.25	36	V.18	52c	III.5	67c	VI.6
3	V.25	21	II.7	37	I.7	52d	III.17	68	VI.2
4	II.5	22	III.22	38	V.11	53	V.3	69	VI.4
5a	IV.13	23	III.2	39	II.17	54	IV.9	70	I.10
5b	II.6	24	III.3	40	III.12	55	III.18	71	III.21
5c	I.12	25	II.1	41	III.1	56	III.15	72	V.20
6	II.8	26	V.12	42	II.10	57	V.2	73a	VI.3
7	III.12	27	IV.14	43	I.9	58a	V.5	73b	V.24
8	IV.7	28	IV.6	44	IV.4	58b	IV.3	73c	V.13
9	IV.10	29a	V.4	45a	IV.5	59	V.30	74	V.21
10	III.19	29b	III.4	45b	II.13	60a	V.19	75	V.1
11	II.11	30a	V.14	46a	V.28	60b	V.29	76	V.15
12	III.14	30b	I.8	46b	III.6	61	VI.5	77	V.17
13	IV.1	31	VI.1	47	III.20	62	V.8	78a	V.9
14	III.13	32a	I.1	48a	III.8	63	III.23	78b	I.3
15	III.10	32b	I.6	48b	V.6	64a	V.31	79	V.23
16	III.11	32c	I.2	49	IV.12	64b	IV.4	80	V.27
17	V.10	32d	II.9	50	III.24	65	V.22	81a	I.11
18	V.7	33	III.7	51	II.14	66	V.16	81b	IV.11
19	V.26	34	II.3	52a	II.2	67a	V.31	81c	II.16

表1中原序列与原文相对应的阿拉伯数字代表《道德经》通行本中的章节号，而新序列与译本相对应的罗马数字（Ⅰ～Ⅵ）和阿拉伯数字的组合则代表了霍吉译本中的第一到第六部分与其中的小节。从表1中我们可以清楚地看到译本和底本在结构上发生了巨幅变化。而这一变化则是译者在对原文本独特理解的基础上产生的。不可否认，《道德经》文本在流传的过程中发生了变异或变形，更有学者认为《道德经》本身就是先秦智慧

的集大成之作，是对各家思想的一种融合。而且《道德经》在成书以来，就一直处于一种动态的发展中，这一点从出土的帛书和竹简中就可以看得出来。①在老子思想发展的过程中，不同的历史文化语境赋予了《道德经》文本不同的阐释。正如同儒家典籍一样，《道德经》成为一种开放性、多义性的文本。这一文本特征拓宽了《道德经》在外译时被多样阐释的空间。

对于霍吉来说，翻译《道德经》更多是为了让英语世界的读者了解和接受古老深邃的老子思想和文化，因此在对《道德经》进行译释的过程中，他有意将《道德经》改编为一部结构清晰、主题分明的书。由于翻译和写作目的发生改变，在解释过程中就会进行相应调整，这也就解释了为什么霍吉会打乱《道德经》的文本顺序，并添加了很多个人的理解。

从翻译理论来看，霍吉对译本进行编辑和重组符合创译的概念，同时霍吉根据翻译对象不同，对某些文本进行不一样的解读，使之更能迎合译语读者的语言习惯和文化传统，又符合有意误译的概念。从译者对原文本的接受和理解角度来看，"翻译过程也是一个对原文意义理解和再现或者说解释和重构的过程。……译者首先作为读者要对原文进行以尽可能把握原文意义为目的的解读，然后在文字转换的表达阶段将个人理解的意义传达出来"②。也就是说译者在翻译的生产过程中担负着"阅读、接受、理解和阐释"的任务，而最终的结果即是使"意义"再生成。由于霍吉本身英语文化背景、深厚的佛教哲学素养，再加上他对中国文化的深入了解，使其在《道德经》释译中为原文本注入了一些全新的元素。他"援佛入道"的做法和他对英语谚语的运用都很好地证明了这一点。比如在阐释《道德经》第二十四章"自见者不明，自是者不彰，自伐者无功，自矜者不长"时，霍吉引用了英语中的一句谚语"pride comes before a fall"，从而使目标读者更好地理解《道德经》语篇。

陈大亮认为："正因为有理解的时间性和历史性的存在，译者不可能不

---

① 赵志刚，张西艳. 基于"文化语境"的老子思想发生学研究现状与趋势 [J]. 河北师范大学学报（哲学社会科学版），2016（6）：18-22.
② 申迎丽. 理解与接受中意义的建构 [M]. 上海：上海译文出版社，2008：5.

带有自己的'前理解'客观地理解原作者的意图,也不可能填平时空所造成的沟壑。"①确实,霍吉对《道德经》结构上的处理使该文本中的主题更加凸显和清晰,在某种程度上来说,有利于西方读者的理解和接受。那么,是不是霍吉对原文本结构的处理就没有缺陷呢?非也。当霍吉将原文按照自己理解的主题拆解成新的篇章时,原文本的开放性特点就大打折扣了。因为当霍吉确定了某一章某一节的固定含义时,蕴含其中的其他阐释的可能性就被大大遮蔽了。当然,就目前老学研究来看,我们不可能穷尽《老子》文本中的所有内涵,因为随着时代的发展和东西方之间交流的日益频繁,新的解读方式和阐释还在不断地丰富着老子思想的体系。霍吉的译释方式只不过是老子思想光谱中的一束罢了。

许德金和蒋竹怡认为"类文本是指与(主)文本相对应的那些环绕在文本四周的要素,包括封面、书名(标题)、前言、后记、附录、评论、插图、注释、目录、版权信息等"。②类文本看似是与文章内容无关的因素,但是类文本使用的是否得当确实非常关键。如果能够恰当地使用类文本,可以在很大程度上提高读者的阅读体验;反之,如果不注重类文本的作用,则会降低读者的阅读兴趣。在霍吉译本中,有大量类文本的出现。我们尝试从霍吉对插图的选择、目录位置以及译文排版的设置方面入手,探讨霍吉《道德经》译本蕴含的丰富的文化信息,进而分析"视域融合"所起得关键作用。

第一,霍吉对插图的选择。在《道德经》英译本中,霍吉共选择使用了三种不同类型的插图:辅助性阅读插图、中国水墨画背景插图、毛泽东书法背景插图。辅助性阅读插图是指对文本内容带有补充和解释性的插图,如人物画像、地图、图表、示意图等。在译本"前言"部分,霍吉使用了春秋战国时期诸侯割据地图以向读者说明老子思想产生的历史、地理文化背景。很显然,这种直观的地图插图和霍吉的文字介绍形成了有效的多模态信息网,可大大提高读者对相关信息的理解和接受效率。再比如,霍吉

---

① 陈大亮. 翻译研究:从主体性向主体间性转向[J]. 中国翻译,2005(2):3-9.
② 许德金,蒋竹怡. 西方文论关键词:类文本[J]. 外国文学,2016(11):112-121.

在书中配上了繁体汉字"道德经"三个字,与字母版的标题形成了相互映衬的效果,有利于增强西方读者的视觉感受和审美体验。与之相比,厄休拉·勒古恩(Ursula K. Le Guin)的《道德经》(1997)① 英译本没有使用任何辅助性插图,这样整本书就显得比较单薄,缺乏趣味性。

第二,霍吉使用了带有中国风色彩的水墨画插图,使得整本书散发着浓厚的中国文化气息。很显然,霍吉选择中国传统的山水画是为了衬托老子思想中"道法自然"的思想。在目录的第二页,霍吉使用了一张"渔人垂钓"的图画,周围有高山、杨柳和雾霭环绕,营造出一种"天人合一"的和谐意境,也似乎在向读者传递着老子思想中"有所为、有所不为"的哲理。在这里,山水画与老子思想相得益彰、相映成趣,在作者和读者之间架起了一座沟通的桥梁。

从霍吉《道德经》英译本 2002 年版和 2003 年版的封面上可以看出霍吉对中国传统绘画艺术的喜爱,也可以看出他对道家思想的深切领悟。特别是在 2003 年版的封面上,除了云蒸霞蔚的一幅山谷景观图映入眼帘外,在"Tao Te Ching"三个字的上面还有四个汉字"人之若虚",这是霍吉对老子思想中"虚怀若谷""谷神"的精确注解。

霍吉《道德经》英译本 2002 版封面　　霍吉《道德经》英译本 2003 版封面

第三,对毛泽东诗词书法的应用。在霍吉的译本中,还有大量的诗词书法。不过值得一提的是,这些诗词既不是唐诗,也不是宋词;而书法也不是作于古代书法名家。霍吉译本中的诗词书法全部选自毛泽东的

---

① Le Guin U K. Lao Tzu Tao Te Ching: A Book about the Way and the Power of the Way[M]. Boston: Shambhala, 1997.

作品。笔者认为这一点有较强的探究性。笔者在阅读时心中就对这一点存疑,既然霍吉在类文本方面极力地想要还原中国传统文化,那么为什么在诗词书法上选取了新中国的开国领袖呢?经过一些调查,笔者心中有了答案。中国古代书法和诗词家各有特点,如果单纯选取一个,总归是不能反映中国传统的整体文化。毛泽东对经典诗词歌赋异常热爱,而在书法上对历代书法家也颇有研究。而对于诗词的造诣,毛泽东在1957年对范仲淹的词评注时说:"词有婉约、豪放两派,各有兴会,应当兼读……我的兴趣偏于豪放,不废婉约。"[①] 从毛泽东诗词书法中可以看出,其作品是"豪放"的阳刚之美和"婉约"的阴柔之美的融合,与老子思想中"刚柔相济"的道家美学一致。笔者以为,这正是霍吉选择毛泽东诗词书法作为老子思想注脚的原因。从读者接受的角度来看,当打开霍吉版的《道德经》时,映入眼帘的不仅有英语版的文字,还有传统的中国山水画,再加上毛泽东刚柔相济的书法,形成了一幅幅东西方文化交相辉映的、多模态的文化文本,散发出丰富多彩的文化光谱,有助于丰富读者的阅读审美体验。与之相比,在赤松的译本中,除了在开头部分有一张老子的插图,在余下的文章里没有任何其他模态的信息出现,这样,普通读者在阅读时就会缺乏生动直观的阅读感受。但是,关于霍吉所选的毛泽东诗词与《道德经》之间以及多种模态符号之间的关联性问题,还需要我们借助"多模态语言学"的相关理论进行考察。限于篇幅,笔者会另外撰文对其进行深入分析。

从霍吉《道德经》英译版本中的类文本来看,霍吉将其他的艺术形式与文本译释有机结合在一起,有效地照顾到了读者的阅读审美感受,较之其他译本更能吸引读者的阅读兴趣,丰富读者的阅读体验。但是,从霍吉所选取的类文本类型(包括封面、书名、前言、后记、附录、评论、插图、注释、目录、版权信息等)来看,缺乏注释是该译本的一大遗憾。《道德经》言约而义丰,在流传过程中,历代注家和翻译家对其中的概念多有争

---

① 中共中央文献研究室. 毛泽东著作专题摘编 [M]. 北京:中央文献出版社,2003:1628.

议，如果注释信息缺失，就很容易造成主观武断之嫌，从而使一个蕴含着多种意义可能的开放性文本的魅力大打折扣。

《道德经》中对关键概念的译释不仅决定着译本的质量，也影响着中国典籍在异域传播的效果。下面我们就以赤松译本和勒古恩译本为参照，以霍吉译本对"《道德经》""道""德"等关键概念的处理方式为讨论核心，追索霍吉在译释这些概念中的视域融合。

首先，我们先来看霍吉对《道德经》书名的处理。目前，国内外典籍翻译中常用两种拼音系统，一种叫作威妥玛式拼音法，在1867年正式投入使用，由英国人威妥玛等人合编而成，现在简称为"威式拼音"，在汉语拼音普及前，中文的很多人名和地名都是采用威式拼音；另一种就是我们熟知的汉语拼音，在1958年，正式投入使用并广泛普及。1977年，联合国第三届地名标准化会议根据"名从主人"原则，决定采用汉语拼音为中国地名罗马字母拼写法的国际标准。而在1982年，国际标准化组织发出 ISO 7098 号文件，汉语拼音正式成为国际标准。

1891年，李雅各采用的就是威妥玛式拼音法，将其译为"Tao The King（Tao-te Ching）"，并被后来的翻译家 Heysinger I. W.（1903），Hu Tse-ling（1936），Lau Dim Cheuk（1963），John Heider（1985），Ellen M. Chen（1989），Henricks Robert G.（1989），Michael LaFrargue（1992），Brian Brown Walker（1996），Red Pine（1996），Ursula K. Le Guin（1997）所沿用。陈荣捷（Chan Wing-tsit，1963）是较早使用汉语拼音"Dao De Jing"的翻译家。在霍吉译本中，除了书名采用了威式拼音翻译成"Tao Te Ching"之外，书中其他一切提及"道德经"的地方都采用了它的汉语拼音，也就是"Dao De Jing"。而且在全书其他提到地名或者人名的地方，霍吉都采用了汉语拼音，比如"Laozi"。而在赤松（Red Pine）和勒古恩（Ursula K. LeGuin）的译本中，书名以及全书其他部分均采用了威式拼音"Tao Te Ching"。根据这两本书的出版时间来看，霍吉译本出版于2002年，勒古恩的译本出版于1998年，而赤松的译本出版于1996年。因此单从出版时间来看，勒古恩和赤松在进行《道德经》研究时，汉语拼音普及的时间并不算很长，因此勒古恩和赤松采用威式拼音有一部分原因可能是由于当时汉语拼音的普及度不够，所以依旧采用了外国读者较为熟悉的威式拼音。而霍吉译本出版时间较晚，当时汉语拼音已经基本被国际社会所熟知，因此采用汉语拼音也是可以被理解和接受的。

除了出版时间这一因素外，在霍吉译本中，他自己也明确交代了为什么在翻译时没有采用威式拼音，而是应用了汉语拼音。他认为："使用威式拼音会让读者与原文有一种距离感，而使用汉语拼音，则可以让读者更贴近中国文化，能够更好地理解《道德经》。"（2001：1）确实，威式拼音固然在发音上对外国人来说更加合适，但汉语拼音更贴近中国人的发音规则，与汉语典籍的特色更接近，从而能够更好地实现作者翻译《道德经》的目的，即霍吉所说的"让读者更贴近中国文化，能够更好地理解《道德经》"。

还有一层原因不可忽视，那就是《道德经》在西方世界的行旅实际上就是"符号化"或"再符号化"的过程。在这一历史生命进程中，老子思想和《道德经》文本已经深入西方读者的文化语境中，被西方读者广为接受和认可。据学者统计，截止到 2010 年 10 月，《道德经》英译本已达 230 种之多，而被译成的其他文字的版本则更多，成为世界上流传最广的中华经典。[①] 在《道德经》广泛传播的基础上和文化全球化的时代语境中，窃以为《道德经》以及其汉语拼音 "Daodejing" 已经成为能够表征老子思想的一种符号了，使用拼音系统不会引起西方读者的阅读障碍，与 1868 年湛约翰（John Chalmers）翻译的英语译本《老子玄学、政治与道德律之思辨》（*The Speculations on Metaphysics, Polity and Morality of the Old Philosopher Lau Tsze*）时的文化语境有很大不同。因此，汉字拼音系统在典籍翻译中的应用变得越来越普遍。2000 年以来，坚持使用汉语拼音系统的翻译家还有

---

① Pynn T. Red Pine (Bill Porter), Lao-Tzu's Taoteching[J]. Southeast Review of Asian Studies, 2010: 32.

罗慕士（Roberts Moss，2001）[①]、艾文荷（Philip J. Ivanhoe，2002）[②] 等。这些译本都是在时代语境下、不同视域之间相互融合的结果和产物。

其次，对"道"的译释。在《道德经》英译史上，"道"被广泛翻译为"the way"（如：Sepharial，1913；Blakney R. B.，1955；Arthur Waley，1958；Wing-tsit Chan，1963；Holmes Welch，1965；Roberts Moss，2001；Richard John Lynn，2004）。还有的翻译家将"道"与西方哲学中的"理性"联系在一起将其译为"reason"，如 Paul Carus（1913）。在霍吉的译本中，"道"被翻译为是"guiding principle"，而不是"the way"。霍吉在书中也解释了为什么没有将其翻译成"the way"。他认为，现在很多译本把"道"翻译为"the way"是不准确的，这样不能够真正体现出"道"的内涵，但如果翻译成"guiding principle"就可以让大家对"道"有一个更加深刻的、更深层次的理解。在老子思想体系中，"道"是位于根基地位的一个概念，霍吉的"guiding"一词体现出"道是物之'居'"[③]的内在含义。在赤松的译本中，他把"道"解释为"the way of doing something"，但不如"guiding principle"更加能够反映道的本质和内涵。笔者认为，"道"作为《道德经》中最关键的概念，如果仅仅理解为"the way"或者是"the way of doing something"就有些过于简单了，因此笔者在这里赞同霍吉的译法。

最后，在霍吉的译本中，他把"德"译为"potency"，与历史上的其他翻译家将其翻译为"virtue"（如 Paul Carus，1913；J. J. L. Duyvendak，1992；Richard John Lynn，1999）和"power"（如 Arthur Waley，1958；Ursula K. LeGuin，1997；Diane Dreher，1998）不同。霍吉在书中解释了原因，他认为在过去的翻译版本中一直把"德"翻译为"virtue"是不合理的，这是由于"virtue"的现代意义不符合老子想表达的"德"的概念，会对读者产生

[①] Moss R. Dao De Jing: the Book of the Way: Translation and Commentary[M]. Berkeley: University of California Press, 2001.

[②] Ivanhoe P J. The Daodejing by Laozi: Translation and Commentary[M]. New York: Seven Bridge Press, 2002.

[③] 兰喜并. 老子解读[M]. 北京：中华书局，2006：39.

误导作用，而选择"potency"更加恰当。

从以上关键概念的处理上，我们可以看到霍吉跨越文化障碍的努力，他在考察借鉴前人成果的基础上提出了自己的翻译方法，是将古今中外不同维度的视域融合在一起而产生的结果。

从视域融合视角研究霍吉的《道德经》英译本可以帮助我们深入译者的主体文化间性，探究多文化文本形成的原因。在研究中，我们发现霍吉译本包含了诸多创译，是在吸收中国文化的同时对其进行重组和改编，从而更能够迎合西方读者的需求。在类文本研究方面，笔者认为霍吉能够切实站在读者的角度，着力提升读者的阅读兴趣和阅读体验。对于《道德经》中的三个关键概念，即"道德经""道"和"德"，笔者将其与其他版本的处理方法进行了比较，证明霍吉在这 3 个关键概念上的翻译是比较准确贴切的。总体来看，霍吉的译本在众多译本中具有自身的特色。他深切体悟到了《道德经》的精髓，并以多模态文本形式向西方读者传递中国深邃的道家思想与其他艺术之间的关联。因此，笔者认为霍吉的《道德经》译本虽然还存在一些不足之处，但其在当代老学翻译研究、海外汉学研究以及中国文化的海外传播等领域还是具有一定的研究价值的。

二、从赤松译本看《老子》译释的多视域融合

1996 年，美国汉学家比尔·波特（Bill Porter）以"赤松"（Red Pine）为笔名出版了《道德经》英译本。该译本将译与释结合，几乎是当前引用中国历代注疏最广泛、最全面的文本。该译本是译者将古今中外不同领域进行跨域融合的典型代表，打破了西方译者"以西解老"的传统，为今后中华典籍英译提供了新的参照。该译本具有重要的跨文化研究价值。

《道德经》在英语世界的传播肇始于 19 世纪下半叶。学术界一般认为湛约翰（John Chalmers）[①] 的译本是最早的《道德经》英译本。俞森林

---

① Chalmers, J. The Speculations on Metaphysics, Polity, and Morality of The Old Philosopher Lau-Tsze [M]. London: Trübner & Co, 1868.

在 2012 年出版的《中国道教经籍在十九世纪英语世界的译介研究》对 19 世纪湛约翰的译本——《"老哲学家"老子关于玄学、政治及道德的思考》(*The Speculations on Metaphysics, Polity, and Morality of The Old Philosopher Lau-Tsze*, 1868)进行了专章研究。① 但是根据姚达兑所著《耶鲁藏〈道德经〉英译稿（1859）整理与研究》(2016)，耶鲁藏《道德经》英译稿比湛约翰的译本早了 9 年，从而改写了《道德经》在英语世界的传播史。② 如果从 1859 年算起的话，《道德经》在英语世界的译介和传播已经走过了 160 余年。在此期间，《道德经》英译取得了丰硕的成果，版本已达 230 种以上。③ 仅 19 世纪下半叶，英美汉学界翻译的《道德经》译本就达 12 种之多，为后世研究打下了坚实的基础。(俞森林，2015：123)

因《道德经》英译版本众多且差异较大，所以一些学者开始对这些译本进行梳理和评价，从中选出一些较为权威的版本。英国著名汉学家鲁惟一（Michael Loewe，1922）主编的《古代中国典籍导读》(*Early Chinese Texts—A Bibliographical Guide*)④ 在众多译本中梳理出 7 种《道德经》的权威译本，包括：理雅格（James Legge）的《道家经典——〈道德经〉》(*The Texts of Taoism: the Tao Te Ching*, 1891)、亚瑟·韦利（Arthur Waley）《道及其威力》(*The Way and Its Power*, 1934)、陈荣捷（Wing-tsit Chan）的《老子之道》(*The Way of Lao Tzu*, 1963)、刘殿爵（D. C. Lau）的《中国经典：道德经》(*Chinese Classics: Tao Te Ching*, 1963)、林保罗（Paul J. Lin，又名林振述）的《老子〈道德经〉及王弼注译本》(*A Translation of Laotzu's Tao Te Ching and Wang Pi's Commentary*, 1977)、陈张婉莘（Ellen M. Chen）的《道德经新译新注》(*The Tao Te Ching: A New Translation with Commentary*,

---

① 俞森林. 中国道教经籍在十九世纪英语世界的译介研究[M]. 成都：巴蜀书社，2015.
② 姚达兑. 耶鲁藏《道德经》英译稿（1859）整理与研究[M]. 北京：中国社会科学出版社，2016.
③ Pynn T. Red Pine (Bill Porter), Lao-Tzu's Taoteching[J]. Southeast Review of Asian Studies, 2010: 32.
④ Loewe M. Early Chinese Texts—A Bibliographical Guide [M]. New Haven: Birdtrack Press, 1993: 287-288.

1989）和韩禄伯（Robert G. Henricks）的《老子德道经》（*Lao-tzu: Te-tao Ching*，1989）。在另一项迈克尔·拉法各（Michael La Fargue）和朱丽安·帕斯（Julian Pas）发起的研究中，将20世纪30年代以来的《道德经》英译本进行了梳理，共选出了17种在西方流行的、影响最大的译本。[①] 总体来说，这些成果中所涉及的不同译本之间的差异可归纳为三类：所参考的《道德经》底本的问题（如刘殿爵在1982年再版的译本中增加了1973年在马王堆出土的帛书本《道德经》的内容；同样，韩禄伯的译本也参考了《道德经》马王堆帛书本主要是帛书乙本的内容，对文本结构进行了调整，将其译为《老子德道经》）；理解汉语语言的问题；汉英转换的问题。笔者认为，除以上不同，还有一点也比较突出，即不同译者对副文本的编排也不尽相同，主要分为四种类型：有译无释，有译有释，有译有释还有注，转译。这里所说的"译"是指对文本的翻译，"释"是指译者的个人阐释，"注"是指译者在文本中加入的对关键字词的注解。第一类以刘殿爵的译本为代表，译本的每一章只有译文而无阐释。第二类是比较流行的做法，如理雅格和亚瑟·韦利的译本种将文本翻译与个人阐释结合，更加突出了译者的主体性。第三类以陈张婉莘的译本为代表。其译本中不仅有个人阐释，而且还加入了注释，丰富了副文本的内容。第四类则以1988年斯蒂芬·米歇尔（Stephen Mitchell）[②]的《道德经》英译本为代表，该译本主要参照美国汉学家保罗·卡鲁斯（Paul Carus，1852—1919）的《道德经》译本进行的转译。1896年，保罗·卡鲁斯将《道德经》翻译成英语并于1898年将其出版，成为较早将《道德经》翻译并出版的美国人。米歇尔基于卡鲁斯的译本对《道德经》文本进行了大量符合现代西方读者审美的"变译"，从而增加了译本的可读性。这一译本在英语世界中的接受

---

① LaFargue M, Pas J. On Translating of Tao-te-ching[M]//Kohn L, LaFargue M. In Lao-tsu and the Tao-te-ching. Albany, NY: State University of New York Press，1998: 277-278.
② Mitchell S. Tao Te Ching: A New English Version [M]. New York: Harper and Row, 1988.

度非常高。①

需要注意的是，就《道德经》英译而言，其所涉及的并不仅仅是源文本和译者之间的双重视域，还应将中国的历代注疏和不同译者的成果纳入研究视域中。因为《道德经》成书年代久远，在流传的过程中文本样态和语义都发生了很大变化，再加上文本内容上的开放性使得历代注疏纷繁芜杂、争议颇多。当《道德经》走向西方时，译者需要将中国历代注家的阐释和其他译本纳入参考范围，以便能更好地把握文本的内涵。可以说，《道德经》英译工作其实就是一个以《道德经》为源文本、以历代注家的语内阐释和已有译本的语际阐释为参考、以译者为主导的多视域融合的过程。（可参考以下图示）

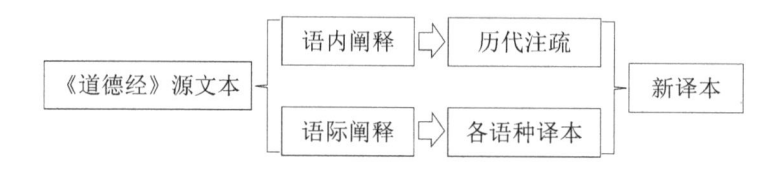

```
                    ┌─ 语内阐释 ⇨ 历代注疏 ─┐
《道德经》源文本 ─┤                          ├─ 新译本
                    └─ 语际阐释 ⇨ 各语种译本 ─┘
```

然而事实上，因为《道德经》历代注疏浩如烟海，真正能将其进行考量的译者寥寥无几。一些华裔译者如初大告、吴经熊、林语堂、陈荣捷、林保罗和刘殿爵等虽然与英美译者相比具有文化上的优势，但他们的译本大多参考的是魏晋时期王弼的《老子注》，而对其他注家鲜有涉及，使得这些译本成了"一家之言"。密歇根大学东亚研究中心主任迈克尔·拉法格认为："有两种解释《老子》的方法：一种方法的目的是从《老子》中寻找与读者本人及其所处时代有关的思想观念与价值判断，另一种方法的目的是寻找《老子》著作者在《老子》中表达的原始意义及其在当时的社会意义。……《老子》研究史上大多数读者采用的都是第一种方法，现在的情况依然如此。"②

在这一背景下，赤松在 1996 年推出的《道德经》英译本脱颖而出。

---

① 何晓花.从读者反应论看历史典籍翻译现代重构的可行性——以斯蒂芬·米歇尔《道德经》译本为例[J].沈阳农业大学学报（社会科学版），2014（3）：368.
② 张娟芳.二十世纪西方《老子》研究[D].西安：西北大学，2003：58.

赤松《老子》(1996) 英译本封面

该译本以《道德经》帛书本和世传本为底本，以历代注疏为参照，将不同观点吸纳并置，打破了西方译者长期以来形成的对《道德经》"西方本位"的凝视，形成了一个具有多元文化表征的译本。

赤松是美国著名汉学家和翻译家。在他原创的文化游记中，往往以实名"Bill Porter"（比尔·波特）作为署名。从1989年开始，比尔·波特对他所痴迷的中国文化进行了实地考察，走访了很多中国古代道家隐士和禅门先贤曾经居住和生活过的地方，陆续出版了《空谷幽兰》（*Road to Heaven: Encounters with Chinese Hermits*，1993）、《禅的行囊》（*Zen Baggage: A Pilgrimage to China*，2008）等文化游记作品。

为了与原创作品区分，比尔·波特对其翻译的所有作品都冠以"Red Pine"（赤松）作为笔名。从他的笔名中，我们可以看出他对中国道家文化的痴迷。"赤松"一名取自"赤松子"，相传为上古仙人。《楚辞·远游》中说："闻赤松之清尘兮，愿承风乎遗则。"《韩非子·解老》中讲："赤松得之，与天地统。"《史记·留侯世家》记载："愿弃人间事，欲从赤松子游耳。"《汉书·古今人表》释曰："赤松子，帝喾师。"唐代大诗人李白诗曰："落帆金华岸，赤松若可招。"（《送王屋山人魏万还王屋》）唐代诗人白居易有诗云："御寇驭泠风，赤松游紫烟。常疑此说谬，今乃知其然。"（《仲夏斋戒月》）比尔·波特从中国文化中提炼出赤松这一意象作为自己的笔名，可见其对中国古代隐士和仙人精神境界的向往。

在翻译《道德经》之前，赤松就曾以翻译佛教经典而闻名，如《普明十牛图》（*PuMing's Oxherding Picturesand Verses*，1983）、《菩提达摩禅法》（*The Zen Teaching of Bodhidharma*，1987）等。这些都为他积累了宝贵的

翻译经验。后来，赤松还陆续翻译出版了《石屋山居诗集》(*The Zen Works of Stonehouse*，1999)、《寒山诗集》(*The Collected Songs of Cold Mountain*，2000)、《韦应物诗集》(*In Such Hard Times: The Poetry of Wei Ying-wu*，2009)等诗歌翻译作品。

在翻译理念上，赤松与其他译者有着不同的见解。他把翻译看作是一种修行的方式，真正体现了知行合一的翻译实践观。他说："我的翻译是为了我自己，我觉得这是一种很好的修行。"[①] 在翻译《寒山诗集》期间，他亲自到寒山和尚当年修行的地方生活了一段时间，以感悟寒山和尚的精神。在翻译《道德经》时，赤松前往河南鹿邑老子故居、老子写《道德经》的楼观台、老子骑青牛通过的函谷关等地拍照并将其穿插应用在译本中。可见，赤松是将翻译看作是一种与中国古圣先贤精神会通的方式。

从译本特色上来看，首先，赤松译本是目前所有英译本中参考中国历代《道德经》注疏最广泛的版本。他通过译本将古今中外不同的《道德经》读者或是阐释者聚集在一个"房间"中，为不同的视域提供了一个交流融合的平台。他在"导言"中说："我认为这本书更像是一种交流对话，是老子和喜欢《道德经》并且对其研究颇深的读者之间的一种交流。希望读到这本书的每个人都能有身处同一个房间的感觉，而不是彼此住在隔壁的邻居。我引用的注疏主要有12家。根据引用频率，他们分别是：（宋）苏辙、（汉）河上公、（元）吴澄、（魏）王弼、（明）释德清、（清）宋常星、（宋）李息斋、（宋）吕惠卿、（宋）王雱、（唐）成玄英、（宋）曹道冲和（宋）王安石。"[②] 这与上文提到的其他翻译家形成了鲜明的对比。据笔者不完全统计，从先秦至清末，历代关于《道德经》的注疏大约有186种。而民国以来的老子思想研究和注疏更是达到了前所未有的高潮（约117种），详见表2。

---

① 苏娅. 对话比尔·波特 [N]. 第一财经日报，2010-10-08（C03）.
② Red Pine (Bill Porter). Lao-tzu's Taoteching: With Selected Commentaries From the Past 2000 Years[M]. San Francisco: Mercury House, 1996:12.

表2 历代《老子》注疏数量统计

先秦—南北朝	唐—五代	两宋时期	元代	明代	清代	民国以来
约20种	约24种	约41种	约10种	约39种	约52种	约117种

赤松在译本中很好地照顾到每一个时期的注疏，共涉及的注疏大约有78种，其中还包括由一位马来西亚华裔研究者的著述和一些来自中国台湾的学者所出版的成果（如杜而未等），详见表3。

表3 历代《老子》注疏引用数量

朝代及引用数量	作者及著作
先秦（2）	《韩非子·解老》《韩非子·喻老》
	马王堆帛书本《老子》
两汉（4）	河上公《老子章句》
	刘安《淮南子》
	严遵《道德真经指归》
	张道陵《老子道德经想尔注》
魏晋（2）	王弼《老子注》
	鸠摩罗什《老子注》
唐代（9）	傅奕《道德经古本篇》
	成玄英《老子疏》
	唐玄宗《御注道德真经》《道德真经疏》
	陆希声《道德真经传》
	强思齐《道德真经玄德纂疏》
	李荣《道德真经注》
	李约《道德真经新注》
	吕洞宾《道德经释义》
	王真《道德经论兵要义述》
宋代（20）	王安石《老子注》
	吕惠卿《道德真经传》
	司马光《道德真经论》
	苏辙《老子解》
	邵若愚《道德真经直解》
	程俱《老子论》
	黄茂材《老子解》
	董思靖《道德真经集解》

（续表）

朝代及引用数量	作者及著作
宋代 （20）	林希逸《道德真经口义》
	范应元《老子道德经古本集注》
	曹道冲《老子注》
	宋徽宗《御解道德真经》
	赵至坚《道德真经疏义》
	刘辰翁《老子道德经评点》
	刘泾《老子注》
	刘仲平《老子注》
	刘师立《老子节解》
	陆农师《老子注》
	王雱《老子注》
	王无咎《老子义》
	李嘉谋（息斋道人）《道德真经义解》
元代 （3）	杜道坚《道德玄经原旨》
	吴澄《道德真经注》
明代 （7）	明太祖《御注道德真经》
	薛蕙《老子集解》
	释德清《老子道德经解》
	焦竑《老子翼》
	顾锡畴《道德经解》
	李宏甫《老子解》
	王道《老子亿》
清代 （9）	宋常星《道德经讲义》
	毕沅《老子道德经考异》
	姚鼐《老子章义》
	王念孙《老子杂志》
	魏源《老子本义》
	高延第《老子证义》
	严复《老子道德经评点》
	黄元吉《道德经讲义》
	刘师培《老子校补》

(续表)

朝代及引用数量	作者及著作
近现代 （13）	罗振玉《敦煌本老子义残卷》《道德经考义》
	马叙伦《老子校诂》
	奚侗《老子集解》
	蒋锡昌《老子校诂》
	高亨《老子正诂》
	严灵峰《老子章句新编》
	朱谦之《老子校释》
近现代 （13）	任继愈《老子今译》
	陈鼓应《老子注释及评价》
	许永璋《老子诗学宇宙》
	任法融《道德经释义》
	杜而未《老子的月神宗教》
	（马来西亚）郑良树《老子论集》

从以上表中可以看出，赤松将参考的视域扩展到了包括马来西亚的华裔学者郑良树在内的权威学者，大大增加了译本在副文本选择上的广度和深度。除了以上表格中的文献之外，赤松译本中还广泛涉及《论语》《大学》《中庸》《国语》《礼记》《书经》《文子》《史记》《庄子》《吕氏春秋》《金刚经》等古代各家典籍，从而突破各家之间的界限，互为镜鉴。译本中副文本之丰富和取材之广泛有力保证了译本的质量，形成了不同时空的阐释者在同一平台上的交流与对话，达到了多文化文本中"多音复调"和"众声喧哗"的阐释效果。

其次，赤松译本将长期被人们忽视的一些研究成果钩沉出来，从而挖掘出老子文本更多的意义潜能，为老子思想的现代阐释提供了更多的可能性。在"导言"中，赤松从老子思想所蕴含的月亮崇拜开始讲起。他说："老子思想实际上是为我们提供了一种视野，即如果我们能体悟玄暗的新月之德，我们的生活会成为什么样子。老子教导我们玄暗总是会变成光明，这其中就包括玄暗本身所蕴含的生长和长生的潜势。而光明只能变成黑暗，随之而来的是日渐褪色和过早消亡。老子选择长生，也就是选择了玄暗。"① 在这里，赤松把《道德经》中关于"玄"的思想与中国古人对月亮的崇拜联系在一起，继而通过引用台湾学者杜而未对"道"这一汉字的字源学解读以说明"道"中的"首"代表的是月亮，而"辶"则指的是人们仰望幽暗的新月。赤松认为："杜而未的解释并不是基于语言学的，而是基于文本和对《道德经》的理解。老子所说的天地之间、天门、虚而不屈、谷神、恍惚、窈冥、不盈、光而不耀、三十辐共一毂、十有三、橐籥、反者道之动、大象、袭常、营魄、玄同、玄牝、玄之又玄。如果这些都不是指月亮，那还能指什么呢？"（Red Pine, 1996: i-ii）因此，赤松按照杜而未的研究成果，将《道德经》中的"玄"翻译为"dark/darkness"，取新月的玄暗之意。在《道德经》第十一章中，赤松对"三十辐共一毂"的阐释就引用了河上公关于月亮的说法，即老子这里之所以说"三十"这一数字，实际上是来自阴历历法中的数字。而对老子第五十章中"十有三"的翻译，赤松则选择按照"thirteen"来翻译，他引用杜而未的观点认为这个数字是一个月中月亮显现和隐藏的日子。韩非子也曾将"十有三"解释为"十三"，只不过将其解释为"四肢和九窍"。这些引用和阐释无疑是对当前海外汉学研究的一种有益补充，让海外的读者更好地理解《道德经》中的文化元素。

后世阐释者面对的不仅仅是《道德经》这样古老深邃的文本，而且还需要参考历代繁复驳杂的注疏和阐释，以便能更好地把握文本中的含义。但是历代阐释者所处的历史文化语境不同，人们的阐释结果难免会有出入。同时，后来的阐释者也会受到自身文化语境和知识结构的限制，因此难免会在文本的阐释中加入自己的理解。

在赤松《道德经》译本中，他以自己的个人理解为导向，以历代各家的阐释为参照，将众多的视域融合在了一起，构成了一幅多视域融合的文化图景。下面我们通过《道德经》第一章的英译来看赤松对不同视域融合的策略。

---

① Red Pine (Bill Porter). Lao-tzu's Taoteching: With Selected Commentaries From the Past 2000 Years[M]. San Francisco: Mercury House, 1996: i.

第三章 文化全球化语境下的老子思想译释研究

《道德经》第一章原文：

道可道，非恒道。名可名，非恒名。无名万物之始，有名万物之母。故恒无欲以观其眇，恒有欲以观其所徼。此两者同，出而异名。玄之又玄，众眇之门。

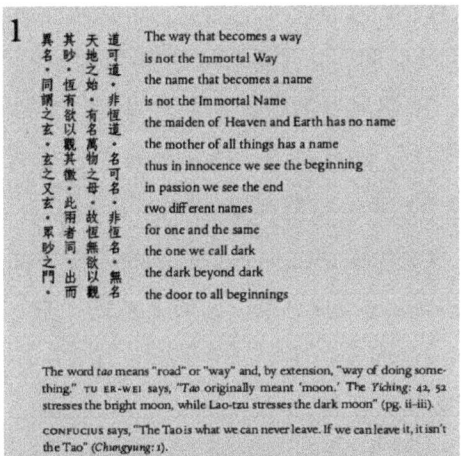

在文本中（如左图），赤松将原文以竖排的方式列于左上方的位置，而英文译文与之相对，横排位于右上方，逐句对应。在原文和译文之下，是阐释部分。赤松将所参考的各家注言一一译出，然后加上自己的阐释，并强调了该理解的依据。

在第一章句读的选择上，赤松将有争议的文本并置，如参照司马光和王安石的解释，将"无名万物之始，有名万物之母"中的句读解读为"无，名万物之始；有，名万物之母"。并注解说"这一句读与马王堆帛书本中的表达不一致"。同时，将"始"的今义与马叙伦和《说文》中的不同解释进行了参观互较。（Red Pine，1996：3）赤松在译文之下就对"道"的这一核心概念进行了解释，并用杜而未的研究成果进行佐证："道的初始含义是'月亮'。《易经》第四十二章和第五十二章都强调了月亮的明亮（其道光明），而老子强调的则是月亮的玄暗（玄）。"确定下基调之后，他便将所选择的各家注言列出。综合赤松所选材料，主要有以下特点。

赤松《老子》英译本第一章影印图

首先，以道解老。赤松选取的材料中特别注重后世道家和道教对《道德经》的解读和注疏。在第一章中，赤松引用了两个影响深远的文本。一个是河上公的《老子章句》，另一个是王弼的《老子注》。相传，河上公是西汉时黄老学说的代表，方仙道的鼻祖，曾为老子《道德经》作注，影响颇深。在其对《道德经》第一章作的注释中有"含光藏晖"之句。因此，赤松将河上公的注释摘录在译文之下，他援引河上公《老子章句》中说："谓经术政教之道也。非自然生长之道也。常道当以无为养神，无事安民，含光藏晖，灭迹匿端，不可称道。非自然常在之名也。常名当如婴儿之未言，鸡子之未分，明珠在蚌中，美玉处石间，内虽昭昭，外如愚顽。"王弼是魏晋玄学的主要代表人物之一。王弼对《道德经》的注疏是"综合儒道，借用、吸收了老庄的思想，建立了体系完备、抽象思辨的玄学哲学"。[①] 王弼在《老子注》中对《道德经》第一章解释说："凡有皆始于无，故未形无名之时，则为万物之始。及其有形有名之时，则长之育之，亭之毒之，为其母也。"李蒙洲按照王弼的解释认为："道以无形无名的状态开始分化出万物，……道是极黑的黑，深远而不可见。"（李蒙洲，2012：2）这一解释也迎合了赤松对"道"和"玄"的理解。

其次，以儒释老。赤松在第一章的解读中引用了先秦儒家典籍和宋儒的一些注解，从而将儒家的心性观与老子思想结合在一起，扩展了老子思想的阐释维度。在《道德经》第一章，他引用《礼记·中庸》第一章中的"道也者，不可须臾离也；可离，非道也。"在《中庸》开篇就提出："天命之谓性，率性之谓道，修道之谓教"。所以《中庸》中的"道"实际上是指"人的本真善性"，是儒家所强调的"修身之法"和"入德之方"。苏辙的《老子解》是对后世理解《道德经》非常重要的一部注解。苏辙的研学以儒家为主，但其《老子解》却是"综合了儒释道三家理论，……文字畅达，也常有特殊的角度，给人指引"。（李蒙洲，2012：1）赤松将其注解列在译文之下："今夫仁义礼智，此道之可道者也。然而仁不可以为义，而礼不可以为智，可道之不可常如此。惟不可道，然后在仁为仁，在义为义，在礼为礼，在智为智。彼皆不常，而道常不变，不可道之能常如

---

① 李蒙洲. 吃透道德经[M]. 北京：新世界出版社，2012：1.

此。……故无名者道之体，而有名者道之用也。圣人体道以为天下用，入于众有而常无，将以观其妙也。"在这里，无论是《中庸》中对"道"的阐释，还是苏辙将其与儒家所倡导的"仁义礼智"进行附会，都是从儒家的视角来审视老子对"道"的体系建构的。赤松还引用两宋之际的程俱的话说："可道之道，以之制行；可名之名，以之立言。至于不可道之常道，不可名之常名，则圣人未之敢以示人。非藏于密而不以示人也，不可得而示人焉耳。"（《老子论》载《北山小集》卷十三）

最后，以禅参老。赤松对《道德经》的译释并未仅仅停留在儒、道两家，而是将范围进一步扩大，将佛教徒的阐释也吸纳进来，特别是注重明末将儒、释、道三家融合的一些注家。在《道德经》第一章，赤松将《金刚经》"第二十一品"中的语句作为参照："若人言如来有所说法即为谤佛。不能解我所说故。"这是佛法中"本性空寂""无我无念""法无定法"的一个来源。赤松引用此经句意图非常明显，即道如同佛法一样，不可言说。而言说出来的一定不是道。在这里，赤松将道和佛法合而为一，以不可言说的佛法为参照来强调老子之道的"非常道"和"非常名"。晚明高僧德清（世称憨山德清或憨山大师）是主张将儒释道融合的一位典型代表。其著《老子道德经解》将禅、道学理打通，从禅宗视角阐发《道德经》奥义，同时也为佛教思想带来了新的启发。赤松援引其注解"老氏之学尽在于此，其五千余言所敷演者，唯演此一章而已"，用以强调《道德经》第一章的重要性。德清曾在对《道德经》中前两句"道可道，非常道。名可名，非常名"的注解中说："此二句，言道之体也"。继而解释说："意谓真常之道，本无相无名，不可言说。凡可言者，则非真常之道矣，故非常道。"[①]在这里，释德清通过佛法中的"真常之道"诠释了老子的"道"，将二者打通，以为后面的"大道体虚"和"心性之道"做好铺垫。赤松除了在第一章借用佛经和释德清的注解外，还将《道德经》第十二章中的"五色""五音""五味"与佛法中的"六根"（眼、耳、鼻、舌、身、意）联系在一起。

---

① 老子集成：第七卷 [M]. 北京：宗教文化出版社，2011：396.

赤松特别注重"以佛解老",这与他在台湾的禅修经历是分不开的。20世纪70年代,他在哥伦比亚大学攻读人类学博士期间开始接触佛法,并苦学中文。这一点与斯蒂芬·米歇尔完全不同,因为斯蒂芬·米歇尔根本就不懂中文。赤松不仅学了中文,还通过自身的实践与台湾的一些高僧禅修。这些经历大大加深了他对中国文化的理解。同时,在翻译佛经时,赤松养成了参照不同文献进行文本解读的习惯,他经常对照不同的佛经版本,甚至到华盛顿大学东方图书馆查阅梵文资料。他将这些翻译策略延续到了《道德经》英译的工作中,使他更好地、更全面地了解老子思想。从赤松的引用来看,他并不拘泥于一家之言,也没有主观地将资料分门别派,反而是融汇各家之言,以为读者提供参考的便利。

从视域融合的视角来看,当前诸多《道德经》译本中的视域往往是二维的,即只有《道德经》源文本和译者译本的对照,早期的英译本更是以译者的主体性为主要翻译导向,形成了对《道德经》的宗教比附和以西方哲学为标准的阐释。袁保新认为:"老子思想较之孔孟思想更受西方青睐,原因在于老子思想中关于'道''有''无'等形而上学的概念反复出现,使西方世界认为老子精于形上思辨,最接近西方哲学的标准,……更能代表中国哲学在形上学方面的成就。"[①] 在这里,袁保新指出了西方对于老子思想阐释的一个基本现实,即西方学者往往按照西方哲学的标准来诠释老子思想。

与之相比,赤松将自己的阐释与其他多维视域融合,形成了互补、互证的互文性关系。另外,从赤松的《道德经》译释实践来看,他将阐释的权利交给了中国古代的历代《道德经》注家,从而打破了西方汉学"以西解老"的传统,突破了西方对老子思想的"凝视"。赤松在译本中通过让阐释者互相交流的方式以避免译者过多主体性的体现而影响读者的阅读体验。同时,赤松译本中将长期被忽视的历史文本进行了有效挖掘,为后世读者和译者提供了更为广泛的研究视角,为世界老学研究的进一步发展提供了有益借鉴。

---

① 袁保新.老子哲学之诠释与重建[M].台北:文津出版社,1997:116.

第三节　老子英译中的误译与补偿策略

《道德经》中的文化意象意蕴丰富，对其文化意象的理解直接影响对原文本整体思想的把握。因此，文化意象应该被放在和原文本同等重要的地位来对待，不应该被边缘化。文中对《道德经》中的文化意象进行了细致的梳理，用发现问题、分析问题、解决问题的科学研究方法集中讨论了造成《道德经》文化意象错位的原因和应对策略。

《道德经》又称为《老子五千文》，是中国文化的精华，代表了古代中国哲学思想的伟大成就。而关于《道德经》的注解可谓是汗牛充栋，最早要算是韩非子的《解老》和《喻老》了。其后又有西汉河上公注《老子章句》和三国魏时王弼作《老子注》以及唐傅奕《道德经古本篇》等。考古学的最新成果为《道德经》的研究注入了新的活力——《道德经》郭店楚简本和马王堆汉墓出土的帛书版本为《道德经》研究提供了有价值的借鉴和补充，同时也在海内外掀起了一股老学研究热潮，标志着世界老学研究进入了一个新阶段。

经学者研究比对，《道德经》各版本在句法和用字方面存在诸多差异，但是其中的文化意象却相对固定。因此，正确理解《道德经》中所蕴含的文化意象对解读其深邃的哲学思想是非常有价值的。虽然对于《道德经》在全球的历时性的研究取得了丰硕的成果，但是从《道德经》语内和语际翻译的现状来看，文化意象错位问题尤为突出。究其原因，主要是译者对其中蕴含的丰富的文化意象缺乏深入的研究和细致的梳理。有感于此，笔者觉得有必要重新走进古老深邃的道家学说，重检《道德经》中丰富的文化意象，挖掘并阐发《道德经》中文化意象所蕴含的深刻意义。

一、《道德经》中的文化意象

《道德经》是迄今为止流传最广的一本中国古代典籍，其中蕴含了丰富而耐人寻味的哲学道理。但是，因为老子用字简洁，短短五千言无所不包，涉及治国、修身、养生、论道、兵法等诸多领域的内容，再加上时代变迁，在流传的过程中被后人添加、删减，所以造成了现代人对这本经典的困惑和争议。幸运的是，《道德经》中存在大量形象的文化意象来隐喻高深莫测的道理，因此，正确理解这些文化意象是准确把握原作内涵的前提。

美国语言人类学家加利·帕尔默（Gary B. Palmer，1996）[①]在文化语言学的研究中借用了认知语言学中的"意象"概念，并对其作出了具体的阐释：意象是指对事物的感知在大脑中形成的表征，但是这种表征不是直接感知的，而是依靠人们的记忆或联想、心理图像或心理来表达一个概念或一个意识的。意象帮助人们对事物进行感知，同时对具体的感知信息进行加工，对其抽象化和概念化，进而形成人们头脑中相对稳定的语言文化符号。所以在帕尔默看来，其实语言就是以意象为基础的语言符号的组合。"人类都具有象征、讲话和构建意象的能力；人类都能将自己的经验记录在大脑中并将其图式化，然后将图式组织成复杂的范畴、链条和级别系统；人类都具有比喻的能力；人类总是用现成的认知模式和图式来认识、理解和处理新经验。相同的感觉经验和认知功能使各民族人民创造的语言和文化具有共性。文化范畴与那些产生于相同体验的意象图式一样，也具有共性，也是人类赖以理解、认识或处理新经验的工具。"[②]这一论述包含两层含义：第一，不同文化种群都有自己独特的文化意象和文化意象图式，并在人们的头脑中产生独特的文化意象联想。也就是说，意象具有特定民族的文化表征和属性。第二，各种群的文化意象之间因为相同的体验也存在诸多相同之处。因此，在不同文化，或是在相同文化的历时研究中，文化意象的传递应致力于寻找文化共性的元素，或在异质文化中找到共鸣。

对于全球研究中国古代典籍的学者们来说，应意识到汉语的思维不同于其他语言。研究中国古代典籍中所蕴含的文化意象，就必须了解汉语的

[①] Palmer G B. Toward A Theory of Cultural Linguistics[M]. Austin: University of Texas Press, 1996.
[②] 纪玉华. 帕尔默文化语言学理论的构建思路[J]. 外国语，2002（2）：45-46.

独特性。申小龙指出:"汉语的精神,从本质上说,不是西方语言那种执着于知性、理性的精神,而是充满感受和体验的精神。汉语的语言思维是一种具象思维。"①

文化意象是人们深入了解和研究语言的基础。但是,仅仅停留在语言的显性层面对其进行肤浅的研究难免会造成文化信息传递的"失落",我们还应该以此为基石挖掘其深层次的语言机理以及其蕴含的丰富的文化。

《道德经》中的意象涵盖了人们生活中的方方面面,意蕴丰富。而正是这些意蕴丰富的意象把"明暗相济、微妙玄通、惟恍惟惚、寂兮寥兮、似有还无"的"道"诠释得淋漓尽致。谢天振在其著作《译介学》一书中将原来分开讨论的"文化"和"意象"合并,并探讨了"文化意象"的分属类型。按照他的解释,文化意象可以是某种植物、动物、颜色、器具、服装或装饰以及成语典故中的意象,甚至还包括数字。②基于此,《道德经》中的文化意象包括以下几种。

(一)取自与人们日常生活息息相关的文化意象

《道德经》中与人们日常生活息息相关的文化意象涵盖了吃、穿、住、行、用等诸多方面,无所不包。如第五章的"橐籥",意为"风箱"用来喻指天地空虚,但不会穷尽;第十一章的"毂""埏埴""室";第十二章的"五色""五音""五味";第三十章的"辎重""荣观";第三十五章的"乐与饵";分别出现在第十一章和第四十七章的"牖";集中体现于第五十三章的"田""仓""服""利剑""饮食""财货";第六十章的"小鲜";第八十章的"什伯之器""舟舆";等等。这些意象均取自与人们日常生活相关的事物,在《道德经》哲学阐述的语言风格方面独树一帜。老子大量生活意象的应用旨在把隐性的哲学道理显性地表达出来。同时,也暗示了"道"的普遍性。

---

① 申小龙. 汉语与中国文化 [M]. 上海:复旦大学出版社,2003:325.
② 谢天振. 译介学 [M]. 上海:上海外语教育出版社,1999:175.

（二）取自与自然界有关的文化意象

《道德经》中大量的文化意象取自自然，这一点与老子要阐述"道"的本原是分不开的。老子坚信，"整个自然，包括人类社会的自然，受到某种法则的规约"，① 而这一规约法则又是"非常道""无可名"的。因此，对"道"的清晰阐述就要求作者"近取诸身，远取诸物"。老子对此类意象使用的特点是：一个意象多次重复出现。可见，这些意象对文本的结构和意义的建构起着至关重要的作用。比如，多次出现在不同章节的"朴""水""谷""象""川""江""海"等。

（三）取自与数字有关的意象

数字意象是文化意象中的一种。数字除了具有表示数量、序列的功用之外，在具体的语境和文化背景中还能积极地构建特定的文化意象，从而将隐性的信息显性地传达出来，为读者呈现别样的文化意境。正是数字意象集精确与模糊于一体的特点，使得《道德经》构筑了独具特色的语言文化风格——生动形象、简约凝练、工整贴切，让读者读起来朗朗上口。同时，与数字意象相关的修辞如比喻、夸张、层递等带来的烘托环境、渲染气氛和增强语势的效果，以及随语境延伸给读者带来的想象空间都值得研究。② 如第十章中"载营魄抱一"中的"一"，并非具体的数字。兰喜并在《老子解读》中借用了金景芳的注解："'营''魄'就是阴阳，'一'就是'和'。"③ 帛书的第四十一章中讲道："道生一，一生二，二生三，三生万物。"此句中的"二"指的就是"阴"和"阳"，而三则指"和"，与第十章的"一"意义相同。但此章中的"一"与第十章的"一"不同，此"一"强调的是"惚兮恍兮、窈兮冥兮"的混沌之状。（兰喜并，2006：158）而这些数字意象都是源自中国的"阴阳"学说。

---

① 刘华军. 老子的自然观与无为主义之辨正[J]. 船山学刊，2008（4）：112.
② 刘郑. 汉诗数字意象翻译之模糊美感解析[J]. 牡丹江教育学院学报，2009（3）：42.
③ 兰喜并. 老子解读[M]. 北京：中华书局，2006：38.

这些文化意象的使用一方面使得《道德经》言简意赅，词约义丰，正如梁代刘勰《文心雕龙》第二十四篇《议对》所述："文以辨洁为能，不以繁缛为巧；事以明核为美，不以环隐为奇：此纲领之大要也。"另一方面，这些文化意象构筑了《道德经》譬喻性言说的语言风格，在作品和读者之间架起了一座理解的桥梁，有助于读者准确把握这些文化意象所代表的深层次文化内涵。

《道德经》的传播主要包括语内传播和语际传播。文化意象的错位也主要体现在这两个方面：首先，《道德经》中的文化意象经历了历史空间的行旅，从古代穿越到现代，译者对文本的解读难免会因为时空的距离而产生文化意象的"失落"。这一点从各家对老学的注解可见一斑。另外，《道德经》中的文化意象在跨文化的语境中被省译、误译的情况也屡见不鲜。外译过程中的文化意象错位有的是因为翻译底本的选择所造成的，有的则是因为文化意象在异域文化中的空缺所致。总而言之，文化意象的错位大大影响了《道德经》的翻译文本质量和《道德经》对内、对外的传播。梳理并分析《道德经》中的文化意象错位，既是文本传播的需要，也是翻译活动文化转向的必然趋势。

二、《道德经》中文化意象错位的原因

美国语言学家雅各布森（1967）从符号学角度把翻译分为语内翻译、语际翻译和符际翻译。[①] 语内翻译是语际翻译的前提和基础。目前，《道德经》文化意象错位主要体现在语内翻译和语际翻译两个层面上。

（一）《道德经》语内翻译造成的文化意象错位

《道德经》语内翻译中文化意象的错位或失落的原因是多方面的：首先，《道德经》中的文化意象纷繁芜杂，虽语言简约但意蕴丰富，为后人

---

① Jakobson R. On Linguistic Aspects Of Translation[M]//Venuti L. The Translation Studies Reader. London and New York: Routledge, 1967:113-118.

的解读带来了一定的难度。其次，先秦文论独特的文风使得断词、断句出现多元选择。多元的标点解读势必会造成解读的混乱，因此才会出现诸如"刍狗""橐籥"等文化意象的"偏正结构"和"并列结构"的理解分歧。最后，中国古代汉字往往具有一字多义、一字多性的特点，这一特点一方面使文本简约凝练，但同时也为读者的解读设置了重重障碍。老子常用同一个汉字在不同的语境中构筑不同的文化意象，后人的诠释呈现出多维度、多元化的现象也就在情理之中了。比如《道德经》第六章："谷神不死，是谓玄牝，玄牝之门，是谓天地根。绵绵若存，用之不勤。"后人对此章节的注解各异，众说纷纭。魏王弼注曰："谷神，谷中央无也。无形无影，无逆无违，处卑不动，守静不衰，以之成而不见其形，此至物也。处卑不可得名，故谓。门，玄牝之所由也，本之所由，与极同体，故谓之也。欲言存邪，则不见其形；欲言亡邪，万物以之生。故也。无物不成而不劳也，故曰用而不勤也。"[①]显然，王弼在注解中把"谷"解释为"山谷"，取其虚空之意。南怀瑾先生的解释大体相同，认为"正是因为山谷的中间空洞无物，因此而形成其中的空灵作用。正因为其中空而无物，才能升起看似虚无，而蕴藏似乎妙有的功用……而正是这空洞虚无而生妙有的功能，便是天地万物生命源泉的根本，取一个代名词，便叫它是'玄牝'。'玄牝'虽然中空无物，但却是孕育天地万物生命的窟宅，绵绵不绝，若存若亡。"[②]但是这样的解释多少有些牵强，因为"山谷"和"玄牝"这两个意象之间缺乏联系在一起的纽带和介质，无法和"绵绵若存"完美的衔接在一起。

（二）《道德经》语际翻译造成的文化意象错位

语际翻译是以语内翻译为前提和基础的。对于《道德经》原文的解读精确度势必会影响到《道德经》的对外翻译和传播的质量。1971年山姆·帕金法导演的美国影片《稻草狗》（Straw Dogs）在 2011 年由罗德·拉里翻

---

① 楼宇烈. 老子道德经注校释 [M]. 北京：中华书局，2008：16-17.
② 南怀瑾. 老子他说 [M]. 上海：复旦大学出版社，2003：104.

拍。故事讲述了一名沉默寡言的美国数学教授大卫·萨莫带着他的英国妻子艾米搬到某一环境清新的郊外居住，而这个家庭所遭遇的灾难也由此开始。在他们住的地方，一群当地人以欺负他们为乐。有一个建筑工人看大卫·萨莫好欺负并垂涎艾米的美色，故意以计将大卫·萨莫骗出去打猎，然后趁机强暴了他的妻子。之后，大卫·萨莫为了拯救一名在一场车祸中受伤的低能儿，竟莫名其妙地遭到当地居民的疯狂围攻。最后，大卫·萨莫忍无可忍，不顾一切展开凶猛、血腥的反击。这部电影的标题借用了老子《道德经》中的名言："天地不仁，以万物为刍狗；圣人不仁，以百姓为刍狗。"根据剧情，导演试图向观众描述一个被"不仁"的当地人视为"稻草狗"的懦弱者在任人欺凌的情况下疯狂反击的形象。

然而很显然，导演误解了老子的原意，"天地不仁"中的"不仁"并非其字面含义"残忍的"，而一些英译本将其直译为"ruthless"或"nothumane"（比如刘殿爵版本）。[①]"刍狗"也并非简单的"稻草狗"的意象。这是文化意象的严重错位。事实上，中国古代典籍中的文化意象遭遇这样的曲解、变形屡见不鲜。辛红娟在援引茱莉亚·哈蒂讨论《道德经》译本之间的差异时说："译本之间的差异，有些源于译者对原文的不理解甚或误解、曲解，有些源于所依据底本的不同，更有一些源于特定历史因素对译者的意图和策略造成的不同影响。"[②]中国古代典籍的翻译必须在经过准确的内译基础之上，再进行外文翻译，否则会有悖于原始含义。辛红娟在2008年出版的《〈道德经〉在英语世界：文化行旅与世界想像》一书中系统地勾勒出了《道德经》在英语世界的行旅脉络图，她从译本总数、刊行地、刊行方式、译者性别及性别意识、原文的版本问题、译者主体情况、书名翻译和主流翻译策略等方面对《道德经》研究的三个高潮期进行了归纳和分析。值得指出的是，1973年之后《道德经》帛书和郭店楚简的相继问世

---

① Lau D C. Chinese Classics: Tao Te Ching[M]. HongKong: The Chinese University Press, 1982.
② 辛红娟.《道德经》在英语世界：文化行旅与世界想像[M]. 上海：上海译文出版社，2008：18.

为老学研究者提供了更大的选择空间。所以在第三个阶段（1972—2004）译者对底本的选择意识增强，翻译策略也"力图同时传达五千精妙的思想底蕴和语言外壳，异化法趋势明显"。（辛红娟，2008：24-25）这一点与第一阶段（1868—1905）的本色化或归化为主的翻译策略形成了鲜明的对比。

三、《道德经》中文化意象错位的应对策略

当代翻译理论的研究成果表明，翻译文本绝对不可能是对原文本的完全复制，但是可以达到与原文本接近的程度，而影响这一"接近程度"的因素是多方面的。有一点可以肯定的是，只注重语言表面语码转换的翻译研究是无法真正接近原文的，因此翻译活动需要新的研究向度，翻译研究呼唤文化转向。在这种理论背景下，原来被边缘化的文化意象错位理应引起学界的足够重视，解读文本过程中所造成的文化意象错位也应该有相应的补偿手段，这样才能与原文达到真正意义上的接近。

（一）《道德经》内译文化意象错位的解决策略

当前对于《道德经》文化意象的文本内解读研究主要体现在两个方面。

第一，从训诂学的角度，利用汉字字源信息挖掘文化意象所蕴含的深层含义，从而纠正文化意象的错位。研究中国的古代典籍离不开对汉字字源的研究，而对于汉字的研究也不能脱离中国文化的背景。这一点和帕尔默所提出的文化语言学观念不谋而合。汉字是中国文化的产物，受到了先民思想观念的制约。同时，汉字也是华夏文明和哲学思想的体现，是现代人了解先民思想的窗口和继承悠久文化的途径。以第六章中的意象"谷、牝、根"为例，从汉字字源的角度进行分析。

"谷"字甲骨文写作 ，金文为 。许慎《说文》："谷，泉出通川为谷。从水半见，出于口。"从其甲骨文来看，上部象流水状，下象山涧泉口，会泉水流出山涧泉水之意。

再来看"牝"字，甲骨文为🐂，《说文》篆体写作🐂。会意兼形声字，甲骨文从牛，从匕（雌性标志），会雌性鸟兽之意。篆文整齐化，并将牛移到左边，隶变后楷书写作"牝"。①《说文》释义为："牝，畜母也。"正因为本意为"雌性鸟兽"，"牝"还用来引申泛指"雌性的"。在易学理论中，水为阴性，凹陷之物也为阴。据此，"牝"又引申为"溪谷"之意。如《大戴礼记·易本命》所记："丘陵为牡，溪谷为牝。"在中国的阴阳五行学说中，"阳"往往代表"自强不息"之意，而"阴"具有"厚德载物"的内涵。综合"谷""牝"的字源分析，不难发现在两个意象之间有了将二者联系在一起的共通之处：山谷溪流。从上下文来看，此处的"谷"和"牝"都应该指绵延不绝、孕育万物的"溪谷"之意。据此，"谷神"和"玄牝"这两个意象均是由山谷溪流引申而出的。有了这个中间的介质，才能把上下文义贯通。而溪谷的阴性特质即厚德载物，又被老子巧妙地比喻为"天地万物的根本"。

顺便提一下"根"字。当提到这个字时，很容易让人联想到植物的根须，其状与溪流从山谷中流出发散开来的支流非常相似。二者意象接近。因此，此处的"天地之根"的"根"字，一字双关，承接上句"玄牝之门"为"根源"之意，启示下句"绵绵若存"表示"发散"之意。另外，《道德经》第三十九章所提到的"谷无以盈将恐竭"中的"谷"字和第六十六章的"江海所以能为百谷王者，以其善下之，故能为百谷王"中的"谷"字，应与"谷神不死"的"谷"同意，皆为绵延不绝的山谷溪流之意。第四十一章的"上德若谷"与"虚怀若谷"应为同一起源，意为山谷。

第二，从历时比较学的角度，借助并参考历代学者的注解和研究成果，以还原文化意象的原貌。《道德经》第五章："天地不仁，以万物为刍狗；圣人不仁，以百姓为刍狗。天地之间，其犹橐籥乎！虚而不屈，动而愈出。多言数穷，不如守中。"

对于此章节的解读，关键在于对文化意象——"刍狗"和"橐籥"——

---

① 谷衍奎. 汉字源流字[M]. 北京：语文出版社，2008：273.

的把握。不少学者认为，在此章中，老子用"刍狗"和"橐籥"来隐喻指称天地宇宙的自然性，天地对于万物是一视同仁的，没有高低贵贱之分。"天地之间的一切变化，包括圣人的一切活动，均是遵从自然性的。人类一切活动，均是自然性的表现。人为，必须顺乎自然。"① 正如南怀瑾先生所注："天地生万物，本是自然而生，自然而有……天地并没有自己立定一个仁爱万物的主观的天心而生万物。只是自然而生，自然而有，自然而归于还灭。假如从天地的立场，视万物与人类平等，都是自然的，偶然的，暂时存在，终归还灭的'刍狗'而已。"（南怀瑾，2003：98）在兰喜并的《老子解读》中，对"刍狗"的理解与此大体相同。兰喜并基于对《道德经》第二章理解的基础之上，认为老子所说的"居无为之事"是"对境遇的一种应和"，要"与时迁移"，"应物变化"，所以他认为老子用"刍狗"的意象主要是来例证"无为"这一主题："'刍狗'完全是一种应时之作。人做'刍狗'并不是出于喜爱，而只是为了祭祀。祭祀之后扔弃也不是因为厌恶，而只是不滞于祭祀。祭祀已过而保存'刍狗'即是一种'执'，毫无顾惜的扔弃则是一种'应'。做亦应，扔亦应，这就是'无为'。老子认为，天地间万物就像祭祀中的'刍狗'一样，也都是应时之作……天地不以春生为喜，亦不以秋杀为忧。"（兰喜并，2006：24）

漆侠教授曾撰文并推荐王安石父子在《老子注》中对"刍狗"的诠释："天地之于万物，圣人之于百姓，有爱也，有所不爱也。爱者，仁也；不爱者，亦仁也。惟其爱，不留于爱，有如刍狗，当祭祀之用，盛之以箧函，巾之以文绣，尸祝斋戒，然后用之。及其祭祀之后，行者践其首迹，樵者焚其肢体。天地之于万物，当春生夏长，如其有仁，爱以及之；至秋冬，万物凋落，非天地之不爱。"② 从以上古今学者的研究来看，"刍狗"应该为偏正结构，意为用草扎成的狗，作为祭祀之用。

但是，也有很多学者主张"刍狗"应该为并列结构，此种解释在《道

---

① 孟欣，天厚. 老子哲学与人生智慧[M]. 青岛：青岛出版社，2006：15.
② 漆侠. 释"天地不仁，以万物为刍狗；圣人不仁，以百姓为刍狗"义[J]. 河北大学学报（哲学社会科学版），2000（10）：5.

德经》的研究史上也是有根据的。比如，河上公对此句注解为："天地任自然，无为无造，万物自相治理，故不仁也。仁者必造立施化，有恩有为。造立施化，则物失其真。有恩有为，则物不具存。物不具存，则不足以备载。天地不为兽生刍，而兽食刍；不为人生狗，而人食狗。无为于万物，而万物各适其所用，则莫不赡矣。若慧由己树，未足任也。"（漆侠，2000：5）这里，河上公将"刍""狗"分开解释，认为两字之间应为并列结构，即老子用草和狗的意象指代所有的动植物。"天地不仁，以万物为刍狗"，也就是说天地视万物平等，没有高低贵贱之分。另外，持有此解的还有主编《中国通史简编》的范文澜。范先生认为："刍（草）、狗（畜）、人都是天地间自然生长的物，兽食草，人食狗，都合乎自然规律，天地并不干预兽食草，人食狗，所以圣人也不干预百姓的各谋其生活。"①笔者以为无论将其视为并列结构还是当作偏正结构，关键在于哪种句读能让读者产生与语境相吻合的文化意象联想。从这一角度来看，并列结构更有优势，体现了道家主张的"天地之间万物平等"的哲学诉求。

再来看本章的另外一个意象——橐籥。对于"橐籥"的理解，人们似乎争议不大，多将其解释为"风箱"。学者多以为老子借用"风箱"的意象来表明天地虽然空虚，但不会穷尽。因为正是它的中空，才会"动而愈出"，从而揭示了人与自然的关系，即我们要利用自然，而不能背道而驰。

但是从汉字理据的角度来分析老子所借用的"橐籥"的意象，似乎还另有解释。"橐"篆书写为 。许慎《说文》："橐，囊也。""橐"从构造来看，本义为一种无底的袋子，盛物时用绳捆扎两头。正是这种原始的构词意象，后引申指同样中空的古代冶炼鼓风用的装置。"籥"又通"龠"，是象形字。甲骨文 象一种编管组成的乐器形，中部有孔，上有吹口；或在其上又加倒口，以强调吹奏。金文大同 。篆文整齐化为 。《说文》解释说："龠，乐之竹管，三孔，以和众声也。"后来在汉字演化的过程中，"龠"被当作偏旁，乐器之义便又加义符竹写作"籥"来表示，以突出是竹

---

① 范文澜.中国通史简编（第一册）[M].北京：人民出版社，1978：248.

管所制。(谷衍奎,2008:1944)

从构形和字义上看,"橐""籥"都有"中空、空虚"之意。很显然,老子采用这样的意象旨在形象地揭示出空虚、"无为"的自然本性。正如魏晋王弼对此注曰:"橐籥之中空洞,无情无为,故虚而不得穷屈,动而不可竭尽也。天地之中,荡然任自然,故不可得而穷,犹若橐籥也。"但楼宇烈校释又补注说:"易顺鼎说'王(弼)注之义虽亦可通,而一为吹火囊,一为乐器,殊不相类。橐,当为囊橐之橐,籥当为管籥之籥……盖橐所以缄胜物者,籥所以阖闢物者,虚而不屈,正谓橐;动而愈出,正谓籥耳。天地之门犹橐籥者,橐主入物,故曰阖户,谓之乾;籥主出物,故曰闢户,谓之坤矣'。"(楼宇烈,2008:14-15)由此看出,易顺鼎的注解更注重从字形上将"橐""籥"分开来解释,并与之后两句"虚而不屈,动而愈出"分别对应,显得更为巧妙。

通过对两组文化意象的分析,可以看出原作者将本来应该加注标点符号的工作转嫁给了读者,而不同的读者又根据自己的理解对原文本的句读进行积极的参与和建构,因此分歧在所难免,关键是我们如何透过表层的意象去触摸深层的文化内涵。

(二)《道德经》外译文化意象错位的补偿手段

文化意象在不同的文化场域中往往会给读者带来不同的文化联想和意象图式,有时很难在两个不同的语言体系中找到完全等值的文化意象。因此,《道德经》中文化意象在英语世界的传播必然会有失落之处。为了能够在译文中最大限度地将文化意象传递给异域文化的读者,译者常会根据原文本的内容将其进行适当的变动或是采取相应的补偿手段,试图在不同程度上达到与原文本相对应。而补偿策略的差异往往取决于译者对底本的选择和译者主体自身的情况。辛红娟(2008:25)在总结《道德经》在英语世界的传播情况时提到,在《道德经》对外翻译的第一阶段(1868—1905),译者主要为英国人,大多为传教士或神职人员,翻译策略以归化法为主;在第二阶段(1934—1963)中,开始出现中国人自己的译本,译者国籍呈现多元化的趋势，而翻译策略以直译为主，追求与原文的忠实对等。在这前两个阶段中，译者可以参考的原文本就只有世传本。但是在第三阶段（1972—2004），译者对底本的版本选择意识增强——世传本、帛书本和竹简本成为译者不同的选择。同时，译者的身份也更加多元化，中外译者合作翻译和跨学科领域的合作翻译成为本阶段一大亮点，主流翻译策略以异化法为特色，更加注重表层语言和深层文化的双层传递。

而对于《道德经》中文化意象的英文翻译，译者的翻译风格各异，试图通过不同的手法再现原语言文化中的文化意象。以《道德经》第五章中"刍狗"意象为例，译者对文化意象的处理主要体现为以下三种。

例1：2011年五洲传播出版社和中华书局联合推出了由许渊冲英译、辛战军中文译注的《道德经》版本中就出现了较为矛盾的一幕。辛战军将"天地不仁，以万物为刍狗"解释为"谓天地原本就没有什么私亲偏爱，视同万物有如那祭祀求福的'刍狗'一样，当用则自用之，当废则自废之，一切全都顺其自然"。而许渊冲先生的英译文为："Heaven and earth are ruthless, they treat everything as straw or dog."①很明显，许渊冲先生对于此意象的翻译是将"刍狗"理解为并列结构，与同在一本书中的中文注释产生了理解上的分歧。许渊冲并没有按照世传本的解释翻译这一文化意象。看来，他把文化意象的理解放在了非常重要的位置，在一定程度上作出了对文化错位的补偿。

例2：辜正坤（2008）对此文化意象的处理颇为仔细。首先，他按照偏正结构的理解，将"刍狗"译为"straw dogs"。然后，采用加注释的协调式异化翻译策略，对其补充说明："straw dogs: a kind of offerings used by Chinese ancients for the purpose of sacrifice ceremony, usually discarded and trampled upon at the end of the ceremony."②林语堂在《老子的智慧》一书中，也是采用异化加注的翻译策略力图将"刍狗"这一文化意象在译

---

① 道德经 [M]. 许渊冲，译. 北京：五洲传播出版社，中华书局，2018.
② 辜正坤. 老子道德经 [M]. 北京：北京大学出版社，2008.

文中准确地传递给读者。① 这种补偿策略无疑会对凝聚了中华民族独特的风俗、习惯和价值观的文化意象在异域文化中的传播起到积极整合和建构的作用。

例 3：Dwight Goddard & Henri Borel（1919）翻译的《道德经》英文版本就体现了译者对文化意象错位的另一种翻译策略，即将其省略不译。② 在此版本中，包含文化意象"刍狗"的原文："天地不仁，以万物为刍狗"，被翻译为："Heaven and earth are not like humans, they are impartial. They regard all things as insignificant, as though they were play things made of straw." 而另外一个版本译者是 Stephen Mitchell（1988），他的翻译是："The Tao doesn't take sides; it gives birth to both good and evil." 很显然，文化意象在译文中完全消失，导致文化联想在读者的头脑中的建构失败。

从以上三种情况来看，第一，对原文本的理解差异肯定会造成对文化意象错位的不同处理策略，《道德经》传播的现实需求呼唤统一的底本；第二，对文化意象错位的补偿是非常有必要的，恰当的补偿手段会有助于读者的文化联想，有利于在他们的头脑中形成独特的文化意象图式；第三，省译的策略虽然能传递一定的原文信息，但不利于代表本土文化特色的文化意象的对外传播。

结语

文化意象在《道德经》中的使用是非常考究的，简洁而意味无穷。很多汉学家在译介中国古典哲学著作的过程中付出了巨大艰辛，但对作品中独特的文化意象的翻译或囿于认知偏差，或因理解有限，在很大程度上影响了《道德经》中深邃思想的传承和对外传播。同时也表明文化意象和承

---

① 林语堂. 老子的智慧 [M]. 北京：外语教学与研究出版社，2009.
② Goddard D, Borel H, Reynolds M E. Laotzu's Tao and Wu Wei[M]. New York: Brentano's Publishers, 1919.

载文化的典籍之间是相辅相成的，不能将二者分裂开来，否则无异于"盲人摸象"，隔靴搔痒。鉴于以上分析，笔者提出以下几点愚见，仅供参考：第一，对于《道德经》的翻译和传播应该充分考量历代老学的研究成果，借鉴各家之言，综合考量各家观点，在诸多版本的基础之上，裁定较为权威的版本，否则就无法改变当前《道德经》文化翻译错位和乱象的现状；第二，从某种意义上来说，文化意象的内译决定了外译的质量，没有正确严谨的内译作为解读的基础，就必然会造成文化意象的失落，就不可能有恰当的外译文本；第三，中国古代典籍的历时性研究离不开对古老的中华文化的溯源，离不开对意蕴丰富的汉字本身的剖析和考量。所以，全面掌握中国文字的发展脉络对于解决古典文本的解读难题是有积极意义的。

第四节 文化全球化语境下老子"无为"思想阐释研究

因《老子》文本的开放性和意义的模糊性，历代老学对老子"无为"思想的内容、发生背景等层面的解读众说纷纭。在文化全球化时代，老学研究的视域被大大拓宽，东、西学人的交流促进了不同视域的融合，使得老学研究呈现出"多音复调"的发展态势。我们尝试通过细致梳理老子思想体系中的"无为"概念，阐明当前国内外研究的成果和存在的不足，比较中西方不同的阐释理路，发掘跨文化阐释的价值和意义，并总结当前文化全球化语境下老子"无为"思想为世界文化和文明交流作出的贡献。

老子"无为"思想是其"道论"中的有机组成部分，"无为"与"道"这两个核心概念处于老子思想"概念网络"的关键节点上，并结合其他概念以"概念簇"（刘笑敢语）[①]的形式建构起独特的道论体系。

---

① 刘笑敢. 老子之自然与无为概念新诠 [J]. 中国社会科学，1996（6）：146.

但是，老子"无为"思想在历史中的生命叙事是伴随着各种论争而展开的，主要集中在以下三方面：首先，是关于"无为"的意义界定的问题；其次，老子提出"无为"主张的动机；第三，在《老子》文本语境中，"无为"概念的建构遵循的程序问题，是"从天道到人道"还是"从人道到天道"，即老子的"无为"主张是一种"宇宙论"还是一种"社会本位论"。基于这些层面的争议，我们按照现代阐释学中"阐释的循环"方法，首先考察"无为"在《老子》文本中和老子道论体系中的意涵，并重点观照老子提出"无为"主张的历史文化语境，探索老子"无为"思想形成的理路；其次，将老子"无为"思想的历史生命叙事置于当今文化全球化的语境下，盘点西方学者对老子"无为"思想的阐释，并追索其阐释形成的原因，论证老子"无为"思想对当今世界的重要意义和价值，归纳老子"无为"思想为世界文化和文明的长远发展作出的巨大贡献。

一、老子"无为"的文本语境及在"道论"中的意涵

"道"和"无为"是老子道论中的两个核心概念，同时也是其道论网络中最为重要的两个"节点"。梳理二者的概念以及相互之间的关系可以帮助我们确定老子义理的基本性格和主要关怀。首先，"无为"二字在《老子》文本中主要出现在以下九个章节：二、三、三十七、三十八、四十三、四十八、五十七、六十三、六十四。

从以上诸章来看，"无为"的主语有"圣人"或"侯王"和"道"。而如果将这二者置于老子"道论"的体系中来看，"无为"蕴含的意义层次就会显现出来了。首先，老子强调"道常无为而无不为"（第三十七章）、"为学日益，为道日损，损之又损，以至于无为，无为而无不为"（第四十八章）都是在言说"道"的"无为"特征。那么，什么是"道"呢？老子说其"先天地生""独立而不改，周行而不殆，可以为天下母"（第二十五章），又说"道生一、一生二、二生三、三生万物"（第四十二章）。老子由

此而将天地万物与"道"联系在一起,以"道"为纽带,揭示了人和万物之间同源、同质的关系。

那么"道"和"无为"是什么关系呢?老子观天之道,说"道法自然"(第二十五章),认为"道"是天地万物之源,但是其作用是"非有意志"的(胡适、冯友兰等均持此看法),是自然而然,自然如此之意。牟宗三① 将老子"无为"思想阐发为"境界形上学",认为"无为"所显示的"自然境界","乃是一种精神上的逍遥无待。可以说,显发'自然'的精神境界者,即是回归而开显了'道'之自身,而体道者就是能开显'自然'的精神境界者"。② 英国著名学者李约瑟(Joseph Needham,1900—1995)说:"就早期原始科学的道家哲学而言,'无为'的意思就是'不做违反自然的活动'(refraining from activity contrary to nature),亦即不固执地要违反事物的本性,不强使物质材料完成它们所不适合的功能……"③ 福永光司说:"老子的无为,乃不是恣意行事,不孜孜营私,以舍弃一己的一切心思计虑,一依天地自然的理法而行的意思。……在这个世界,无任何作为性的意志,亦无任何价值意识,一切皆是自尔如是,自然而然,绝无任何造作。"④

老子"尊道而重德",是因为"道生之""德蓄之"(第五十一章)"上德无为而无以为"(第三十八章),这些都是自然而然存在的"应然之理"。因此,他说"道常无为"。这就是老子思想中"无为"论的形而上学基础,即"造化万品的形上之道,就是以'无为''不主'的方式来实现它对万

---

① 袁保新和赖锡三对牟宗三的解老给予高度评价,袁保新说:"牟先生的解老在当代老学诠释系统中是最突出的,也是最孤立的。"(袁保新.老子哲学之诠释与重建 [M].台北:文津出版社,1991:51)赖锡三先生评价说:"牟宗三先生身处二十世纪近现代学者那种客观实有的观看潮流中,是第一位强调回归主体实践,以观看道家形上学的一位'视域革命'者。他可以说是在西方实有形上学的观看潮流中,第一位造成老、庄实践形上学观看方式的突破和回归的领航者。"[赖锡三.当代新道家——多音复调与视域重合 [M].台北:台大出版中心,2011(8):10].
② 赖锡三.当代新道家——多音复调与视域重合 [M].台北:台大出版中心,2011(8):129.
③ 李约瑟.中国科学技术史:第二卷 [M].北京:科学出版社,1990:76.
④ 福永光司.老子 [M]// 陈鼓应.老子注译及评介.北京:中华书局,1984:67.

物的生育长养的。……换言之，在老子的形上体悟中，万物之所以得到生育长养，即在于存在界中每一事物相互依存，共同形成一种有机的、和谐的存在秩序，而只要这种秩序不受到干扰破坏，即每一事物能各安其位，那么事物也就可以各据其德的实现自我"[①]。继而，按照老子概念隐喻式的层级思维模式，[②]"人道"应法"天道"，于是其论述"从形而上的体悟"返回到"圣人""侯王"身上，"是以圣人居无为之事，行不言之教"（第二章），"是以圣人之治……为无为，则无不治"（第三章），"道常无为而无不为。候王若能守之，万物将自化"（第三十七章），"故圣人云：我无为，而民自化"（第五十七章），"是以圣人无为故无败"（第六十四章），我们可以看到这些语句中的句式往往为"是以""是故"等，从而显示出老子"无为"思想的论证程序是先言"天道"，再谈"圣人或侯王之道"。而对于"圣人"来说，要想达到"无为"的境界，就要"为学日益，为道日损，损之又损，以至于无为"（第四十八章），"不尚贤，使民不争……为无为，则无不治"（第三章）。可以看到，老子之所以对圣人统治者提出"法天道"的治国理民建议，并强调统治者要"无为"，乃是针对当时政治的混乱无序而言的。所以胡适认为老子开创的是一种"革命的政治哲学"，他说"老子反对有为的政治，主张无为无事的政治，也是当时政治的反动"[③]。

然而，当我们看到老子将"无为"通过"自然""无""有"等概念与"道"建立了一种内在的关联时，我们不禁要问：老子"无为"思想的终极关怀到底是一种"宇宙论"还是以"社会"为本位呢？是一种绝对形上学，还是一种实践论呢？

[①] 袁保新．老子哲学之诠释与重建 [M]．台北：文津出版社，1997：205．
[②] 斯灵格兰德认为《老子》中的表述方式是复合认知语言学中的"概念隐喻"原理的。可参见 Slingerland, E. Effortless action: Wu-wei as conceptual metaphor and spiritual ideal in early China[M]. New York: Oxford University Press, 2003.
[③] 胡道静．十家论老 [M]．上海：上海人民出版社，2006：8．

二、老子"无为"思想的历代阐释与争议

由于在历史传播的过程中,《老子》文本经历了数次变形,其原始概念被历代注家解构或消解而造成的意义模糊自不可避免。从历时的角度来看,历代注家主要遵循着字义考据和义理考辨两种传统的阐释方法。唐君毅考察了老学从韩非解老到王弼注老,历经五变;严灵峰援引四史与先秦、汉魏诸子之作,至王弼,老学研究者逾 170 人;另据严灵峰先生考察,推延至当代,共计老子专著 1170 余种,论说 870 余篇。① 另外在《老子》通行本文本中可以解读到多个学派的思想主张,可见其开放性和吸纳性之强。②

后世对老子"无为"思想既有继承也有变异。刘笑敢认为:"(庄子)

---

① 参见唐君毅著《中国哲学原论·原道篇》;严灵峰著《老庄研究》,《老列庄三子知见书目》等。转引自袁保新. 老子哲学之诠释与重建 [M]. 台北:文津出版社,1997:9-15。

② 保罗·汤普森(Paul Thompson)分析了慎到和《老子》的关联;顾立雅(Herrlee Creel)认为申不害和《老子》是相关的;竹内启雄(Takeuchi Yoshio)认为《老子》受法家慎到和韩非子的影响;哈罗德·罗斯(Harold Roth)认为《管子·内业》与《老子》有密切关联;汉学家陆威仪(Mark Lewis)看到老子书中兵家如孙子的思想,正如华裔汉学家陈荣捷(Wing-tsit Chan)早先提到的一样;刘殿爵(D.C. Lau)认为老子是一本文集,受到关尹、列子、慎到等人的影响;顾颉刚研究了《吕氏春秋》和老子的关系。Hongkyung Kim 根据《老子》和其他典籍之间的"互文性"考察,认为"正如同顾颉刚所论,《老子》一书中的三分之二都可在《吕氏春秋》中找到。因此,很多人认为《吕氏春秋》是《老子》的注疏"。可参见Thompson P M. The Shen-tzu Fragments[M]. New York: Oxford University Press, 1979: 527; Creel H G. What Is Taoism? And Other Studies in Chinese Cultural History[M]. Chicago: University of Chicago Press, 1970: 48–78;Roth H. Original Tao[M]. New York: Columbia University Press, 1995: 187–190;Chan Wing-tsit. The Way of Lao Tzu: Tao-te ching [M]. Indianapolis: Bobbs-Merrill, 1963: 222–223. Lewis M E. Sanctioned Violence in Early China[M]. Albany: State University of New York Press, 1990:124; Lau D C. Tao Te Ching[M]. Hong Kong: The Chinese University Press, 1982;顾颉刚. 从《吕氏春秋》推测《老子》之成书年代 [M]// 罗根泽. 古史辨(第四卷). 香港:太平书局,1962:462-519;Kim H. The original compilation of the laozi: A contending theory on its Qin origin[J]. Journal of Chinese Philosophy, 2007, 34(4): 614.

把无为发展到了无心无情的绝对化地步,主张在现实生活中要超脱一切,什么都不必在意,直到完全超脱现实并进入与天地万物为一体的精神境界。"① 而到黄老学派那里,老子无分别的"无为"思想被分成了"上下"两个等级。"黄老之学"的"无为而无不为"思想是"主张做君王的上层统治者应无为,而下属的臣民则要各自有为,即上无为而下有为,以某方面的不为达到别的方面的'无不为'"(朱晓鹏,2009:303)。从而将"'无为'和'有为'作为一对概念协调起来,把无为的理论引导到可操作的方向,为汉初黄老之学走上政治舞台提供了理论准备"(刘笑敢,1996:146)。汉初一些儒士所标榜的"无为"与老子的"无为"大相径庭。陆贾在《新语》的"无为""至德"两篇中所提及的"无为"既不是老子所倡导的,也与黄老之学无关,而是带有浓厚儒家色彩的"无为"之论。其中的"礼乐""赏善罚恶而润色之,兴辟雍庠序而教诲之"等都是儒家的治世理念,并且直接抹杀了"无为"与"有为"之间的差别,这一点与老子的"无为"思想是截然不同的,也是老子"无为"思想强烈反对和否定的。② 之后"《淮南子》在黄老之学兴盛的大气候下,接受《韩非子》等思想的影响把无为引向了理性的行为原则,把无为定义为'因物之所为'(《淮南子·原道》),'循理而举事,因资而立功'(《淮南子·修务》),无为变成了从条件出发的有为,这是无为论的理性化的高峰,却也是老子的原来的概念簇式的无为理论的消失"(刘笑敢,1996:146)。

到了晚清时期,西方的坚船利炮打开了中国的大门,裹挟而来的还有西方各种思潮。魏源被称为是晚清"睁眼看世界的第一人",他怀着强烈的历史使命感和"救亡图存"的救世情怀,向古老的道家原典索求"经世治用"的良方,写就了《老子本义》,"将老子'无为而治'的思想发展成

---

① 刘笑敢. 老子之自然与无为概念新诠 [J]. 中国社会科学,1996(6):145-146.
② 《新语·无为》载:"周公制作礼乐,郊天地,望山川,师旅不设,刑革法悬,而四海之内,奉供来臻,越裳之君,重译来朝,故无为者乃有为也。"《新语·至德》说:"于是赏善罚恶而润色之,兴辟雍庠序而教诲之,然后贤愚异议,廉鄙异科,长幼异节,上下有差,强弱相扶,大小相怀,尊卑相承,雁行相随,不言而信,不怒而威。"其中关于"无为"思想的阐述带有明显的儒家治世色彩。

为积极'有为'的思想,主要是为了从哲学层面印证士大夫改革派的变革主张和改革实践"。① 晚清的文化语境改变了当时知识分子的研究趋向,同时也为老子思想的研究注入了时代特色。刘仲华说:"清代学者极力将老子拉到经世致用、入世的位置上来,而很少以之逃避世俗或者发表不满言论的凭借。这种以入世为准则的调和,也是以传统儒学为中心的。由于清代重考据而少谈义理的学风,由于清代道教、佛教衰弱,清代学者大多反对将老子道教化,也反对用佛教思想阐释老子,再加上提倡经世致用,而反对虚方、玄谈。"② 正如王先明所论:"所经之世的变化,是所用之学变化的根源,同样时世之变化的方向和原因,也就成为学术文化之所变的原动力。"③ 另有严复、刘师培等对老子思想不同的注解,他们都将所学的西方理念与老子思想结合在一起:刘师培将西方的"契约论""人权""平等""自由"等与老子思想参观互较,成为以西注老的典范;严复则将"民主""科学"等注引到他的力作《老子道德经评点》中。他们都主张老学的发展应该与时势相结合。西学的影响下,使得老子思想开始摆脱传统的束缚,走上了"哲学"之路。据考察,晚清刘鼐和《新解老》第一次将《老子》之书冠以"哲学"之名。④ 刘鼐和对《老子》一书的定位评价是与其接触的西学的影响分不开的。在《新解老》中,他以西方哲学的理念论述了"道之为物,本具二理,一为道之本体即此书所谓无也。一为道之作用,即此书所谓无为也"(刘鼐和,2008:89-90)。从而阐明了"无为"与"道"之间的逻辑关系。清江希张说:"世人说老子无为是无用,阻人进化的,不但是不知老子,不知无为,并进化的道理也不明白。器学的进化是从先天化成后天,有为的进化,进化到极点,将这特质原子发泄尽了,地球上一切人物就都坏了,虽名为进化,其实是退化。老子说的处无为以用有为,功成不居,摄有为归到无为,是道学的进化,才是真正的进化呢!这道学合器

---

① 李程. 近代老学研究 [D]. 武汉:华中师范大学,2007:83.
② 刘仲华. 清代诸子学研究 [M]. 北京:中国人民大学出版社,2004:247.
③ 王先明. 中国近代社会文化史续论 [M]. 天津:南开大学出版社 2005:185.
④ 刘鼐和. 新解老·绪言 [M]// 李程. 近代老学研究. 武汉:武汉大学出版社,2008:88.

学的进化退化，却是互相循环。"①

至于"无为"思想在社会人生中的实践目的及价值，学界众说纷纭，莫衷一是。

首先，一些早期文本将"无为"与帝王的德行联系在一起，因而后世一些学者开始将"无为"与统治之术相关联。如《论语·卫灵公》中说："无为而治者，其舜也与！夫可为哉？恭己正南面而已矣。""无为"和"南面"两个概念共同出现在一个语境中，孔子此处所谈"无为"，是将其具体的操作、实施与舜的德行联系在一起的，是对"上好礼，则民易使也"（《论语·宪问第十四》）的例证阐释。韩非子所作《解老》《喻老》两篇，是现存所知对《老子》文本最早的注释，其中将老子的"无为"和"人君""有道之君"等概念并置，而班固所作《汉书·艺文志》明确地将道家学说称为"君人南面之术"。②张舜徽（1982）认为此说"道破了道家学说的全体大用……应该算得是一句探本穷源的话"。③李泽厚（1985）认为："《老子》把兵家的军事斗争上升为政治层次的'君人南面术'，以为侯王'圣人'服务，这便是它的基础含义。"④朱熹评价说："老子心最毒"。⑤章太炎《訄书·儒道》中将《老子》一书称作是"后世阴谋者法"⑥。关锋（2006）⑦、钱穆（2006）⑧等也认为《老子》第三十六章讲的是关于统

---

① 江希张.道德经白话解说[M]//李程.近代老学研究.武汉：武汉大学出版社，2008.
② 《汉书·艺文志》记载："道家者流，盖出于史官，历记成败存亡，祸福古今之道，然后知秉要执本，清虚以自守，卑弱以自持，此君人南面之术也。"王念孙注"君人"应为"人君"之讹。参见张舜徽.周秦道论发微[M].北京：中华书局，1982：8.
③ 张舜徽.周秦道论发微[M].北京：中华书局，1982：8.
④ 李泽厚.中国古代思想史论[M].北京：人民出版社，1985：88.
⑤ 黎靖德.朱子语类[M].北京：中华书局，1986：137.
⑥ 转引自尹振环.重识老子与《老子》——其人其书其术其演变[M].北京：商务印书馆，2008：134.
⑦ 关锋通过反驳高亨和陈鼓应先生的"非权谋论"，进而指出《老子》在第三十六章的"将欲……必固"句式即是统治者权术的表达。载于胡道静.十家论老[M].上海：上海人民出版社，2006：364.
⑧ 钱穆.庄老通辨[M].北京：生活·读书·新知三联书店，2006.

治者的一种权术，老子是阴谋家。但是陈鼓应（1984）[①]、高亨（1988）[②]、刘笑敢（1996）[③]、朱晓鹏（2009）[④]等学者对这一说法持相反的态度。陈鼓应（1991）梳理了历史上将老子思想当作"权谋术"的"误读"，包括韩非和以程朱、苏子瞻为代表的宋儒，同时也列举了各代名士的"精确解释"，如（汉）严遵、（宋）董思靖、（宋）范应元、（明）释德清、（明）朱得之、（明）王道、（明）陆长庚、（明）林兆恩、（明）徐学谟、（明）陈懿典、（明）赵统、（明）洪应绍等。[⑤]刘笑敢的表述极具代表性，他说："从具体的语言环境或《老子》的论述中心来看，无为提倡的主要是圣人反世俗传统的'治天下''取天下''莅天下'的方式。这种方式与传统的价值和习惯完全不同，甚至相反，是对常见的干涉性、控制性的统治方法的否定和修正。无为的概念本身并不是统治术，而是一种政治智慧和社会理想的表达。无为之治的目的在于社会的整体和谐性和个人生活的自主性，它既不是一般人的生活原则，也不是通常的'君人南面之术'。无为之治的特殊价值就在于有效而无形，有秩序而无压迫，有和谐而不僵固。无为所期待的是社会的自然的稳定。这是老子之无为的具体意义或主要意义。"[⑥]

还有一种说法，以王博为代表，他认为老子的史官地位确实使得《老子》一书成为"君人南面之术"，但是从"术"的字源学和文本中的内容结构来看，"还没有涉及在后世的君人南面术中占很重要地位的君臣关系的内

---

① 陈鼓应.老子注译与评介[M].北京：中华书局，1984.
② 高亨针对《老子》第三十六章说："此诸句言天道也。或据此斥老子为阴谋家，非也。老子戒人勿以张为久，勿以强为恃，勿以举为可喜，勿以与为可贪耳。故下文曰：'柔弱胜刚强也'。"参见高亨.老子正诂[M].北京：中国书店，1988：81.
③ 刘笑敢.老子之自然与无为概念新诠[J].中国社会科学，1996（6）：136-149.
④ 朱晓鹏教授反驳了老子"无为"思想为"人君南面之术"和"阴谋权诈"的说法，他说："这些见解，其实都是不恰当的、片面的，有的完全是错误的。但要真正明辨是非，我以为关键还是应切实理解老子无为学说的本意，从而弄清老子提倡无为主义的政治目的和意义。老子的无为学说，具体说来有三层主要含义：一是无为即'自然'，二是无为即'无事'，三是无为即'善为'。"参见朱晓鹏.老子哲学研究[M].北京：商务印书馆，2009：280.
⑤ 陈鼓应.老庄新论[M]//胡道静.十家论老.上海：上海人民出版社，2006：430-432.
⑥ 刘笑敢.老子之自然与无为概念新诠[J].中国社会科学，1996（6）：145.

容","与后代如黄老和法家"的不同,① 从而修正了"君人南面术"的负面含义。尹振环主张用"老子术",他说:"考虑再三,我们不愿用'君人南面术'这个词。因为它总是给人以威严、阴森、恐怖之感。……而'老子术'则不同,固然它包括'南面术',但更重要的是,它还是(或首先是)君人者的品德、修养、方法的道德。"② 朱晓鹏教授用"社会本位观"来评价老子的"无为"思想。他说:"老子痛感于……社会的失调和时代精神中的疯狂性、盲目性,以深沉的历史反思意识和独特的否定性思维方法,提出了他的解决社会政治危机的新颖方案,这就是希望用一种顺乎自然的新方式去拯世救民于灾难深重的水火之中,达到不强求、不妄为的'"无为"之治'。……(老子)无为的政治思想的出发点正是'社会本位观',而不是像具有较淡政治情结色彩的庄子的'个人本位观',表现了其强烈的社会责任感和历史使命感。"③

陈鼓应(2006)坚信老子思想是其社会意识的反映,并认为:"老子以人道理想托付于天道,而倡言功成而不有(功遂身退天之道)、利人而无害(天之道利而不害),崇尚不争的美德(天之道不争而善)。老子……提出……'天之道损有余而补不足',这是老子强烈的社会正义的呼声。可见老子的天道观与他的社会意识是紧密相联的。"④ 从思想史的角度来看,徐复观认为:"老子思想最大的贡献之一,在于对自然性的天的生成、创造,提供了新的、有系统的解释。……不过,老学的动机与目的,并不在于'宇宙论'的建立,而依然是由人生的要求,逐步向上面推求,推求到作为宇宙根源的处所,以作为人生安顿之地。因此,道家的'宇宙论',可以说是他的人生哲学的副产物。他不仅要在宇宙根源的地方来发现人的根源;并且是要在宇宙根源的地方来决定人生与自己根源相应的生活态度,以取得

---

① 王博. 老子思想的史官特色 [M], 台北:文津出版社, 1993:247-251.
② 尹振环. 重识老子与《老子》——其人其书其术其演变 [M]. 北京:商务印书馆, 2008:128.
③ 朱晓鹏. 老子哲学研究 [M]. 北京:商务印书馆, 2009:279-280.
④ 陈鼓应. 老庄新论 [M]// 胡道静. 十家论老. 上海:上海人民出版社, 2006:414.

人生的安全立足点。所以道家的'宇宙论',实即道家的人性论。……此一方向的人性论,由老子开其端,由庄子尽其致;也给中国尔后文化发展以巨大的影响。"① 由此,老子思想是对特定历史时期的社会现象做出的回应,只不过是以诗性隐喻或概念隐喻②等较为含蓄的表述方式来阐述宇宙世间之一同之理。

综上,当前老学界对老子"无为"思想的历史争议进行了反思,向生发老子的文化语境提出诉求,从而对"老子'无为'乃'权谋术'"之说进行反拨,并指出老子"无为"思想是感时应事,为当时混乱的社会秩序提出的治理之策,体现出老子高超的智慧和深厚的情怀,是历史使命感和社会责任感的集中反映。李泽厚先生说:"《老子》并未有意于讲'宇宙论'(这正是先秦《老子》与汉代《淮南子》的差别所在),如果把它看作似乎是对自然、宇宙规律的探讨,我以为便恰恰忽视了作为它的真正立足点和根源地的社会斗争和人事经验。"③

但是,我们决不能把老子"无为"思想的实践价值和其深厚的形上学基础对立。正如袁保新先生所说,老子所欲追寻的"道","不仅要能安立人间秩序,保持一切人文制作不至于自我否定,而且它必须同时是贞定天地万物,使其生蓄相长无碍的形上原理。换言之,老子面对浑浊的天下,他所亟须建立的解救之道,不只是一项人间的价值法则,而且也是一项关乎整个存在秩序的形上原理,或者,更恰当的说,他企图从存在界生生相续的奥秘中,植立一切价值实现的原理"。④ 王博也认为老子思想中的形上和形下两部分是融合在一起的,不可分而视之:"老子思想的思维方式就是:推天道以

---

① 徐复观.中国人性论史·先秦篇[M].上海:上海三联书店,2001:287-288.
② 美国南加利福尼亚大学教授斯灵格兰德认为老子的表述体系是典型的概念隐喻思维,参见:Slingerland E. Effortless action: Wu-wei as conceptual metaphor and spiritual ideal in early China[M]. New York: Oxford University Press, 2003: vii. 但是台湾赖锡三教授认为《老子》中的语言特色既不是传统修辞意义上的隐喻,也不是概念隐喻,而是一种诗性隐喻。参见:赖锡三.当代新道家——多音复调与视域融合[M].台北:台湾大学出版社,2011:xxii.
③ 李泽厚.中国古代思想史论[M].北京:人民出版社,1985:93.
④ 袁保新.老子哲学之诠释与重建[M].台北:文津出版社,1997:215-216.

明人事。其哲学体系包括'道论'和'治国治身思想'两部分。"①

三、"文化全球化"语境为老子"无为"思想阐释带来的"视域融合"

一些有识之士早就意识到"文化全球化"语境为世界文化和文明发展带来的机遇。乐黛云教授（2006）在主编的《中学西渐丛书》"总序"中借西方学者之口，呼吁："必须在经济全球化和科技全球化之外，寻求另一种全球化，即文化多元共生的全球化。'共生'不是'融合'，也不是简单的和平共处，而是各自保持并发扬自身的特点，相互依存，互相得益。"在谈到中国文化在西方的传播时，她说："事实上，中国文化正是通过伏尔泰、莱布尼茨、荣格、白璧德、庞德、奥尼尔、色加楞、米肖等主流文化的哲学家、思想家、文学家的融会贯通，包括误读和改写，才真正进入西方文化的。"②

文化全球化时代，老子"无为"思想的形上学意义和实践价值焕发出新的生命力，与西方文明一起共同汇成了灿烂的世界文化光谱。在文化全球化时代，西学东渐，中国知识分子深受西方话语体系的影响，在阐释老子思想的过程中，不自觉地加入了很多"时代错误的"（anachronistic）表述；而西方阐释者受其"前见视域"所限，造成了所谓的"洋格义"现象。③但是，不可否认的是，老子"无为"思想为西方社会发展的困境带来了新的启发，而中外文化和文明的交流不仅使老学研究的视域大大拓展，而且更为重要的是，全球化时代老学研究呈现出一种"多音复调"与"视

---

① 王博. 老子思想的史官特色 [M]. 台北：文津出版社，1993：247.
② 乐黛云. 中学西渐丛书·总序 [M]// 段怀清. 白璧德与中国文化. 北京：首都师范大学出版社，2006：1.
③ "洋格义"一词是赖锡三教授首先将林镇国创造的这一说法应用到老学研究中的。对西方近现代学者对东方"中观学"的诠释过程中，所带入的西方视域之研究的总体现象之介绍和反省，林镇国称之为"洋格义"。转引自赖锡三. 当代新道家——多音复调与视域重合 [M]. 台北：台湾大学出版社，2011：10.

域融合"的样态。而这一发展趋势在晚清时就已露出端倪。

首先,在内容层面上,晚清西学的传入大大开拓了老子"无为"思想的阐释空间。除了魏源、严复、刘鼐和、江希张等人,梁启超结合西方"自然法"并以之为参照来解释老子的"天道观",认为:"老子的'天道',就是西洋哲学的自然法(law of nature)。……凡深信自然法绝对有效的人,往往容易走到极端的放任主义。如18世纪的英法经济学者,又如斯宾塞(Herbert Spencer)的政治学说,都以为既有了'无为而无不为'的天道,何必要政府来干涉人民的举动?"梁启超之所以得出这样的结论,和他1919年到欧洲旅行并接触西学有关。他也是最早把《老子》从哲学的角度进行阐释的学者之一。[①] 之后,中外学者的研究不断丰富着老子思想的阐释系统:约翰·克拉克认为老子是最伟大的无政府主义者;[②] 胡适视老子为放任主义者;[③] 任继愈批评老子有复古主义倾向;[④] 等等不一而足。

据严灵峰考察,《老子》在玄奘时就已经被译为梵文,18世纪末,又被译为拉丁文,其后,各国文字译本纷纷出现,其中英语译本最多。老子思想较之孔孟思想更受西方青睐,原因在于老子思想中关于"道""有""无"等形而上学的概念反复出现,"使西方世界认为老子精于形上思辨,最接近西方哲学的标准,……更能代表中国哲学在形上学方面的成就"[⑤]。黑格尔认为孔、老思想不同,孔子属于"道德哲学",而老子是"思辨哲学"[⑥]。白璧德(Irvin Babbitt,1865—1933)在法国传教士——汉学家戴遂良(Leon Wieger,1856—1933)的《道德经》读本(1913)中发现

---

① 胡道静. 十家论老[M]. 上海:上海人民出版社,2006:16,35,41.
② Clark J P. On Taoism and Politics[J]. Journal of Chinese Philosophy,1983,6(10):65. 转引自袁保新. 老子哲学之诠释与重建[M]. 台北:文津出版社,1997:204.
③ 胡适. 中国古代哲学史[M]. 台北:台湾商务印书馆,1978:60. 转引自袁保新. 老子哲学之诠释与重建[M]. 台北:文津出版社,1997:203.
④ 任继愈. 老子新译[M]. 上海:上海古籍出版社,1985:232.
⑤ 袁保新. 老子哲学之诠释与重建[M]. 台北:文津出版社,1997:116.
⑥ 陈鼓应. 老庄新论[M]// 胡道静. 十家论老. 上海:上海人民出版社,2006:406.

"道家原典思想与卢梭主义或者西方的浪漫主义、人道主义、自然主义之间的一致性",并借用19世纪初浪漫主义诗人华兹华斯的"明智的消极被动"来概括《道德经》的精神思想内涵。"尽管他发现了道家思想中与卢梭浪漫主义相近甚至一致的一些要素,但是,他却没有很好的发现并理解,早期道家思想中更存在着大量与卢梭和浪漫主义并不一致的思想要素。"[①] 另外,老子思想还影响了海德格尔的存在哲学,继而为现象学和诠释学提供了滋养。徐复观在阐释老子思想与西方形上哲学的起源的差别时认为,老子思想起源于"忧患意识",而西方起源于"惊异"(wonder)(亚里士多德《形而上学》)。[②]

其次,西学对老子思想的解读不仅仅在内容上有新的突破,在研究方法上也为传统的老学研究注入新的元素。斯灵格兰德(Slingerland)在关于先秦"无为"思想的专著中"探讨了无为作为个人精神理想在战国时期的地位;无为如何成为战国时期儒道两家共同的精神理想以及两者在概念上的差异"。在方法上,使用了当前认知语言学中的"概念隐喻"理论。他在这一著作"前言"部分提到"无为不仅是战国时期儒道两家的思想,同时与任何对东亚宗教思想和西方的道德-伦理传统感兴趣的人都是相关联的,而概念隐喻和现实主义原理等为我们的思想比较以及人文主义研究提供了全新的理论框架和方法"。[③]

最后,从阐释的理路来说,西方研究者因为语言的限制,只能是根据所能找到的译本对老子思想进行研究,而译本的选择成为他们解读老子思想的关键。如前面提到的白璧德、黑格尔、海德格尔等都是根据所能找到的《老子》译本的一部分对老子思想进行的阐发,所以难免会引起含义的"变异"。而彼得·罗伯特斯(Peter Roberts)在架构巴西哲学家保罗·弗莱雷(Paulo Freire,1921—1997)和老子思想之间的桥梁时说:"詹姆斯·弗

---

① 段怀清. 白璧德与中国文化[M]. 北京:首都师范大学出版社,2006:111-112.
② 徐复观. 中国人性论史[M]. 台北:台湾商务印书馆,1969:327.
③ Slingerland E. Effortless Action: Wu-wei As Conceptual Metaphor And Spiritual Ideal in Early China[M]. New York: Oxford University Press, 2003: vii.

雷泽（James Fraser）在比较保罗·弗莱雷和老子之间的异同时使用的是米歇尔（Stephen Mitchell）的译本；因此，我在佛雷泽引用《道德经》的地方也使用米歇尔的译本，但是在其他涉及《道德经》的地方，我会参考艾伦陈（Ellen Chen）和刘殿爵（D. C. Lau）的英译本。但是无论选用哪一种译本，我们清楚，任何译本都不能做到完全忠实于原文。"[1] 即便如此，西方学者对老子"无为"思想的阐释依然取得了瞩目的成就。单就老子"无为"思想与西方教育哲学的比较研究而言，20世纪90年代以来比较有代表性的研究包括：Glanz, J.（1997）[2]，Mac Kinnon（1996）[3]，San（2006）[4]，Slater（2004）[5]，Zigler（2007）[6] 等。

彼得·罗伯特斯对老子"无为"思想和弗莱雷的教育哲学的比较研究更为深入，他将两者间存在的内在通约性和差异性作了对比，并总结说：两者之间的差异不应该被当成是阻碍双方进一步探寻对话的不可逾越的障碍。事实上，正是因为双方在主要观点上的鲜明对比才使得我们的比较更有意义。让这两种截然不同的思想进行对话能够促进我们对本体论、认识论和伦理学等领域存在的观点进行反思。更为重要的是，道家思想让我们对传统教育理念进行反思，对于教育领域的许多人来说，这就相当于让我们以全新的角度去重新审视我们存在的原因。这一过程是值得的，尽管存在着风险。……道家和来自其他宗教和文化传统的思想家们为当前正在讨

---

[1] Roberts P. Bridging East and West—or, A bridge Too Far? Paulo Freire and The Tao Te Ching[J]. Educational Philosophy and Theory, 2012, 44(9): 943.

[2] Glanz J. The Tao of Supervision: Taoist Insights into the Theory and Practice of Educational Supervision[J]. Journal of Curriculum and Supervision, 1997, 12(3): 193-211.

[3] Mac Kinnon A. Learning to Teach at the Elbows: The Tao of Teaching[J]. Teaching and Teacher Education, 1996，12(6): 653-664.

[4] San S K. Action Learning Guided by Tao for Lifelong Learning[J]. Action Learning: Research and Practice, 2006, 3(1): 97-105.

[5] Slater J J. The Tao of Caring: The Prisoner's Dilemma in Education Resolved[J]. Curriculum and Teaching Dialogue, 2006, 6(2): 145-157.

[6] Zigler R L. The Tao of Dewey, Encounter[J]. Education for Meaning and Social Justice, 2007, 20(1):37-42.

论的弗莱雷的研究提供了宝贵的镜鉴。①

综上，我们可以看到，无论是从内容、方法还是阐释的理路，"文化全球化"语境下老子"无为"思想获得了更多的阐释视角，传统视域与全新的视域融合，为世界文化发展作出了不可磨灭的贡献。

结语

历代老学在不同历史文化语境下的阐释大大丰富了老子思想的意涵，也体现出不同时代的思想性格和人文情怀。正是老学研究者世代积累的注、解、译为我们解读老子思想提供了可能。在老子"道论"体系中的"无为"思想对当今世界的健康发展具有警示意义，同时，其蕴含的形而上和形而下的哲学意义值得我们进一步研究。

文化全球化时代带来的既有机遇也有挑战，及时总结传统文化在世界文明交流史中的发展和"变异"，有利于我们在新的历史语境下继承华夏民族的文化遗产，也有利于增强我们的民族自信心和自豪感。同时，我们也应加大力度将古老深邃的思想进行古今话语体系的转换，以适应快速发展的时代潮流，避免被边缘化的命运。我们在文化全球化语境下，需要关注的并不仅仅是视域之间的"融合"，还应该警惕这一融合背后的"一体化"为世界文化和文明带来的潜在的威胁。正如前面乐黛云教授所呼吁的，文化"共生共存"比文化"融合"意义更为深刻。

---

① Roberts P. Bridging East and West—or, A Bridge Too Far? Paulo Freire and the Tao Te Ching[J]. Educational Philosophy and Theory, 2012, 44(9): 954-955.

参考文献

一、中文文献

中文著作

[1] 艾兰，魏克彬. 郭店《老子》：东西方学者的对话 [M]. 邢文，编译. 北京：学苑出版社，2002.

[2] 安乐哲，郝大维. 道不远人——比较哲学视域中的《老子》[M]. 何金俐，译. 北京：学苑出版社，2004.

[3] 本杰明·霍夫. 小熊维尼之道 [M]. 赵永华，王一鸣，译. 重庆：重庆大学出版社，2011.

[4] 陈鼓应. 老庄新论 [M]. 香港：香港中华书局，1991.

[5] 陈鼓应. 老子注译及评介 [M]. 北京：中华书局，1984.

[6] 陈鼓应. 道家文化研究（第16辑）[M]. 北京：生活·读书·新知三联书店，1999.

[7] 崔仁义. 荆门郭店楚简《老子》研究 [M]. 北京：科学出版社，1998.

[8] 丁原植. 郭店竹简《老子》释析与研究 [M]. 台北：万卷楼图书有限公司，1998.

[9] 邓谷泉. 郭店楚简《老子》释读 [M]. 长沙：湖南人民出版社，2005.

[10] 董光璧. 当代新道家 [M]. 北京：华夏出版社，1991.

[11] 段怀清. 白壁德与中国文化 [M]. 北京：首都师范大学出版社，2006.

[12] 冯友兰．中国哲学史新编（第一册）[M]．北京：人民出版社，1982．

[13] 傅佩荣．解读老子 [M]．上海：上海三联书店，2007．

[14] 高亨．老子正诂 [M]．北京：中国书店，1988．

[15] 高亨，池曦朝．马王堆汉墓帛书老子 [M]．北京：文物出版社，1976．

[16] 高明．帛书老子校注 [M]．北京：中华书局，1996．

[17] 古棣．老子校诂 [M]．长春：吉林人民出版社，1998．

[18] 关健瑛与老庄对话 [M]．上海：上海古籍出版社，2002．

[19] 韩禄伯．简帛老子研究 [M]．邢文，改编，余瑾，译，北京：学苑出版社，2002．

[20] 何新．老子新解：宇宙之道 [M]．北京：时事出版社，2007．

[21] 侯才．郭店楚墓竹简《老子》校读 [M]．大连：大连出版社，1999．

[22] 胡道静．十家论老 [M]．上海：上海人民出版社，2006．

[23] 胡孚琛．道学通论 [M]．北京：社会科学文献出版社，2009．

[24] 胡适．中国古代哲学史 [M]．台北：台湾商务印书馆，1986．

[25] 胡壮麟．系统功能法概论 [M]．长沙：湖南教育出版社，1989．

[26] 伽达默尔．真理与方法（补充和索引下卷）[M]．洪汉鼎，译．北京：商务印书馆，2007．

[27] 伽达默尔．真理与方法（上卷）[M]．洪汉鼎，译．上海：上海译文出版社，2004．

[28] 金岳霖．论道 [M]．北京：商务印书馆，1985．

[29] 赖锡三．当代新道家——多音复调与视域融合 [M]．台北：台湾大学出版社，2011．

[30] 兰喜并．老子解读 [M]．北京：中华书局，2006．

[31] 劳思光．中国文化路向问题的新检讨 [M]．台北：东大图书股份有限公司，1993．

[32] 黎靖德．朱子语类 [M]．北京：中华书局，1986．

[33] 李程．近代老学研究 [M]．武汉：武汉大学出版社，2008．

[34] 李约瑟．中国科学技术史（第二卷）[M]．北京：科学出版社，1990．

[35] 李约瑟.道家与道教.中国之科学与文明（第二册）[M].程沧波,译.台北：台湾商务印书馆,1985.

[36] 李泽厚.中国古代思想史论[M].北京：人民出版社,1985.

[37] 林光华.《老子》之道及其当代诠释[M].北京：中国人民大学出版社,2015.

[38] 刘晗.《老子》文本与道儒关系演变研究[M].北京：人民出版社,2010.

[39] 刘鼒和.新解老·绪言[M]//李程.近代老学研究.武汉：武汉大学出版社,2008.

[40] 刘韶军.唐玄宗 宋徽宗 明太祖 清世祖《老子》御批点评[M].长沙：湖南人民出版社,1997.

[41] 刘笑敢.老子古今[M].北京：中国社会科学出版社,2006.

[42] 刘信芳.郭店楚简《老子》解诂[M].台北：艺文印书馆,1999.

[43] 刘仲华.清代诸子学研究[M].北京：中国人民大学出版社,2004.

[44] 陆永品.老庄研究[M].郑州：中州古籍出版社,1984。

[45] 罗根泽.古史辨（第六册）[M].上海：上海古籍出版社,1982.

[46] 罗根泽.古史辨（第四册）[M].上海：上海古籍出版社,1982.

[47] 罗根泽.古史辨（第四卷）[M].香港：太平书局,1962.

[48] 牟宗三.中国哲学十九讲[M].台北：学生书局,1986.

[49] 钱穆.庄老通辨[M].北京：生活·读书·新知三联书店,2006.

[50] 任继愈.老子全译[M].成都：巴蜀书社,1992.

[51] 任继愈.老子新译[M].台北：谷风出版社,1994.

[52] 史华兹.古代中国的思想世界[M].程钢,译.南京：江苏人民出版社,2004.

[53] 唐君毅.中国哲学原论·导论篇[M].北京：中国社会科学出版社,2005.

[54] 瓦格纳.王弼《老子注》研究[M].杨立华,译,南京：江苏人民出版社,2008.

[55] 王博. 老子思想的史官特色 [M]. 台北：文津出版社，1993.

[56] 王强. 老子《道德经》新研 [M]. 北京：昆仑出版社，2001.

[57] 王先明. 中国近代社会文化史续论 [M]. 天津：南开大学出版社，2005.

[58] 文达三. 老子新探 [M]. 长沙：岳麓出版社，1995.

[59] 熊铁基，等. 中国老学史 [M]. 福州：福建人民出版社，2005.

[60] 徐梵澄. 老子臆解 [M]. 北京：中华书局，1988.

[61] 徐复观. 儒家政治思想与民主自由人权 [M]. 台北：台湾学生书局，1988.

[62] 徐复观. 中国人性论史 [M]. 台北：台湾商务印书馆，1969.

[63] 徐复观. 中国人性论史·先秦篇 [M]. 上海：上海三联书店，2001.

[64] 许纪霖，宋宏. 史华慈论中国 [M]. 北京：新星出版社，2006.

[65] 许抗生. 帛书老子注译及研究 [M]. 杭州：浙江人民出版社，1985.

[66] 严敏.《老子》辨析及启示 [M]. 成都：巴蜀书社，2003.

[67] 杨儒宾. 论道家思想的原始乐园思想 [M]// 中国神话与传说学术研讨会论文集. 台北：汉学中心，1996.

[68] 杨义. 老子还原 [M]. 北京：中华书局，2011.

[69] 叶舒宪. 老子与神话 [M]. 西安：陕西人民出版社，2005.

[70] 叶维廉. 道家美学与西方文化 [M]. 北京：北京大学出版社，2002.

[71] 尹振环. 重识老子与《老子》——其人其书其术其演变 [M]. 北京：商务印书馆，2008.

[72] 余又光. 论帛书《老子》的社会学说 [M]// 张正明. 楚史论丛·初集. 武汉：湖北人民出版社，1980。

[73] 袁保新. 老子哲学之诠释与重建 [M]. 台北：文津出版社，1997.

[74] 詹剑峰. 老子其人其书及其道论 [M]. 武汉：湖北人民出版社，1982.

[75] 张岱年. 中国哲学史史料学 [M]. 上海：三联书店，1982.

[76] 张广保. 老子及原始道家道论的哲学诠释 [M]// 胡军，孙尚扬. 诠释与建构——汤一介先生75周年华诞暨从教50周年纪念文集. 北京：北京大学出版社，2001.

[77] 张亨. 思文之际论集——儒道思想的现代诠释 [M]. 台北：允晨出版社，1997.

[78] 张舜徽. 周秦道论发微 [M]. 北京：中华书局，1982.

[79] 张松辉. 老子研究 [M]. 北京：人民出版社，2009.

[80] 中共中央文献研究室编. 毛泽东著作专题摘编 [M]. 北京：中央文献出版社，2003.

[81] 朱谦之. 老子校释 [M]. 北京：中华书局，2000.

[82] 朱谦之. 新编诸子集成：老子校译 [M]. 北京：中华书局，1984.

[83] 朱谦之. 中国哲学对欧洲的影响 [M]. 上海：上海人民出版社，2005.

[84] 朱晓鹏. 老子哲学研究 [M]. 北京：商务印书馆，2009.

中文论文

[1] 班秀萍. 人与世界一体——海德格尔与老子哲学比较之一 [J]. 内蒙古大学学报（哲学社会科学版），1991（3）：45-46.

[2] 北辰.《老子》在欧洲 [J]. 宗教学研究，1997（4）：102-106.

[3] 陈大亮. 翻译研究：从主体性向主体间性转向 [J]. 中国翻译，2005（2）：3-9.

[4] 高岚，李群. 分析心理学与中国文化——记第一届分析心理学与中国文化国际研讨会 [J]. 学术研究，1999（2）：33-35.

[5] 郝宜今. 老子其人与《老子》其书 [J]. 内蒙古大学学报（哲学社会科学版），1993（1）：98.

[6] 赖锡三. 神话、《老子》、《庄子》之"同""异"研究——朝向"当代新道家"的可能性 [J]. 台大文史哲学报，2004（61）：139-178.

[7] 李美燕. 李约瑟与史华兹眼中的老子"自然"观 [J]. 湖南师范大学社会科学学报，2003（6）：32-36.

[8] 刘笑敢. 老子之自然与无为概念新诠 [J]. 中国社会科学，1996（6）：136-149.

[9] 谭渊.《老子》译介与老子形象在德国的变迁 [J]. 德国研究，2011，26（2）：

62-68，80.

[10] 王金娟.文化语境与翻译[J].上海翻译,2006（2）：52-54.

[11] 魏泓,赵志刚.中国文学"走出去"之翻译系统建构[J].外语教学,2015（6）：109-113.

[12] 许德金,蒋竹怡.西方文论关键词：类文本[J].外国文学,2016（6）：112-121.

[13] 严绍璗."文化语境"与"变异体"以及文学的发生学[J].中国比较文学,2000（3）：3-16.

[14] 严绍璗.树立严谨的比较文学研究观念和方法[J].中国比较文学,2003（1）：10-17.

[15] 严绍璗.汉籍的东传与文化的对话[J].中国典籍与文化,2012（1）：27-38.

[16] 杨承淑.翻译中的文化语境：剖析及对应[J].中国翻译,2008（2）：51-56，96.

[17] 姚瑶,李政.视域融合视角下《易经》之乾卦的英译文对比研究[J].黑河学院学报,2020（8）：119-121.

[18] 尹振环.重写老子其人,重释《老子》其书[J].中州学刊,2000（3）：62.

[19] 余斌.译者主体性在"对话"与"视域融合"中的彰显[J].上海翻译,2015（3）：45-50.

[20] 张汝伦.德国哲学家与中国哲学[J].复旦学报（社会科学版）,2015（2）：48-54.

[21] 张祥龙.海德格尔论老子与荷尔德林的思想独特性——对一份新发表文献的分析[J].中国社会科学,2005（2）：69-83,205.

[22] 赵志刚.《道德经》中文化意象错位的成因及补偿策略[J].中华文化论坛,2013（1）：110-115.

[23] 赵志刚.老子"无为"思想研究概述[J].中华文化论坛,2016（8）：71-76.

[24] 赵志刚."文化全球化"语境下的老子思想研究概述[J].青年文学家，2015（20）：68-70.

[25] 赵志刚，陈天惠.评史蒂芬·霍吉对《道德经》译释的多视域融合[J].中华文化论坛，2018（4）：29-35.

[26] 赵志刚，张西艳.基于"文化语境"的老子思想发生学研究现状与趋势[J].河北师范大学学报（哲学社会科学版），2016（6）：18-22.

[27] 张西艳，赵志刚.汤川秀树与老庄的不解之缘[J].现代语文（学术综合版），2016（6）：40-43.

二、英文文献

英文著作

[1] Ames R T, Hall D. Dao De Jing "Making This Life Significant": A Philosophical Translation[M]. New York: Ballantine, 2003.

[2] Bahm A J. Tao Teh King: Interpreted as Nature and Intelligence [M]. New York: Frederick Ungar, 1958.

[3] Balfour F H. Taoist Texts: Ethical, Political, and Speculative[M]. London and Shanghai: Trübner, 1881.

[4] Bookchin M. Remaking Society[M]. Montreal: Black Rose, 1989.

[5] Bynum C, Harrell S, Richman P. Gender and Religion: On the Complexity of Symbols[C]. Boston: Beacon, 1986.

[6] Callicott J B, Ames R T. Nature in Asian Traditions of Thought: Essays in Environmental Philosophy[C]. Albany, NY: State University of New York Press, 1989.

[7] Chan Wing-tsit. A Sourcebook in Chinese Philosophy[M].Princeton: Princeton University Press, 1963.

[8] Chalmers J. The Speculations on Metaphysics, Polity, and Morality of "The

Old Philosopher" Lau-Tsze[M] . London: Trübner & Co, 1868.

[9] Clarke J F. Ten Great Religions[M]. Boston: James R Osgood, 1871.

[10] Creel H G. What Is Taoism? And Other Studies in Chinese Cultural History[M]. Chicago: University of Chicago Press, 1970.

[11] Csikszentmihalyi M, Ivanhoe P J. Religious and Philosophical Aspects of the Laozi SUNY Series in Chinese Philosophy and Culture[M].NY: State University of New York Press,1999.

[12] Edward S. Effortless Action: Wu-wei as Conceptual Metaphor and Spiritual Ideal in Early China[M]. Oxford and New York: Oxford University Press, 2003: 3.

[13] Feng, Gia-fu, English J. Tao Te Ching[M]. New York: Vintage Books.

[14] Geaney J. On the Epistemology of the Senses in Early Chinese Thought[M]. Honolulu: University of Hawaii Press, 2002.

[15] Forman R K C. The Problem of Pure Consciousness, Mysticism and Philosophy[M].New York: Oxford University Press,1990.

[16] Giles L. The Sayings of Lao Tzu[M]. London: John Murray, 1906.

[17] Graham A C. Disputers of the Tao: Philosophical Argumentation in Ancient China[M]. LaSalle: Open Court, 1989.

[18] Griffin S. Women and Nature[M]. New York: Harper & Row, 1978.

[19] Hall D L. Eros and Irony: A Prelude to Philosophical Anarchism[M]. Albany, NY: State University of New York Press, 1982.

[20] Hansen C. A Daoist Theory of Chinese Thought[M]. New York: Oxford University Press, 1992.

[21] Johnson S. Oriental Religions and Their Relation to Universal Religion: China[M]. Boston: Houghton Mifflin, 1877.

[22] Kaltenmark M. Lao Tzu and Taoism[M]. Stanford, CA: Stanford University Press, 1969.

[23] Katz S. Mysticism and Philosophical Analysis[M]. New York: Oxford

University Press, 1978.

[24] Kohn L.Introducing Daoism[M].London: Routledge,2008.

[25] Kohn L, LaFargue M. Lao-tzu and Tao-te-ching[C]. Albany, NY: State University of New York Press, 1998.

[26] Lau D C. Tao Te Ching[M]. Hong Kong: The Chinese University Press, 1982.

[27] Le Guin U K. Lao Tzu Tao Te Ching: A Book about the Way and the Power of the Way[M]. Boston & London: Shambhala, 1997.

[28] Lewis M E. Sanctioned Violence in Early China[M]. Albany: State University of New York Press, 1990.

[29] Lovejoy A O. Essays in the History of Idea[M]. Baltimore, MD: Johns Hopkins University Press, 1948.

[30] Mair V H. Tao Te Ching: The Classic Book of Integrity and the Way [M]. New York, Toronto, London, Sydney & Auckland: Bantam Books, 1990.

[31] Marshall P. Nature's Web: An Exploration of Ecological Thinking[M]. London: Simon & Schuster, 1992.

[32] Mitchell S. Tao Te Ching[M]. New York: Harper & Row, 1989.

[33] Needham J. Three Masks of Tao: A Chinese Corrective for Maleness, Monarchy, and Militarism in Theology[M]. London: The Teilhard Centre for the Future of Man, 1979.

[34] Neville R C. Ritual and Deference: Extending Chinese Philosophy in a Comparative Context[M]. Albany: State University of New York Press, 2008.

[35] Northrop F S C. The Meeting of East and West: An Inquiry Concerning World Understanding[M]. New York: Macmillan, 1946.

[36] Parkes G. Heidegger and Asian Thought[M]. Honolulu: University of Hawaii Press, 1987.

[37] Plumwood V. Feminism and the Mastery of Nature[M]. London: Routledge,

1993.

[38] Reichwein A. China and Europe: Intellectual and Artistic Contacts in the Eighteenth Century. London: Kegan Paul, Trench, Trübner & Co,1925.

[39] Reid D. The Tao of Health, Sex, and Longevity: A Modern Practical Approach to the Ancient Way[M]. London: Simon & Schuster, 1989.

[40] Roth H. Original Tao[M]. New York: Columbia University Press, 1995.

[41] Schwartz B. The World of Thought in Ancient China[M]. Cambridge: Bellknap Press, 1985.

[42] Sullivan M. The Meeting of Eastern and Western Art[M]. Berkeley, CA: University of California Press, 1989.

[43] Thompson P M. The Shen-tzu Fragments[M]. New York: Oxford University Press, 1979:527.

[44] Wang R R. Chinese Philosophy in an Era of Globalization[M]. Albany, NY: State University of New York Press, 2004

[45] Watts A. Psychotherapy East and West[M]. Harmondsworth: Penguin,1973.

[46] Wilhelm R. Chinesische Lebensweisheit[M]. Darmstadt: Otto Reichl Verlag, 1922.

英文论文

[1] Ames R T. Taoism and the Androgynous Ideal[J]. Historical Reflections, 1981, 8(3): 1-45.

[2] Bronwyn F. How Can a Buddha Come to Act? The Possibility of a Buddhist Account of Ethical Agency[J]. Philosophy East and West, 2011, 61(1): 134-160.

[3] Chan, Wing-cheuk. Phenomenology of Technology: East and West[J]. Journal of Chinese Philosophy, 2003, 30(1): 1-18.

[4] Chen E M. The Meaning of Ge in the Tao Te Ching: An Examination of the Concept of Nature in Chinese Taoism[J]. Philosophy East and West, 1969,

23(4): 457-470.

[5] Eber I. Martin Buber and Taoism[J]. Monumenta Serica, 1994, 42 (1): 445-464.

[6] Goodfield E. Wu Wei East and West: Humanism and Anti-Humanism in Daoist and Enlightenment Political Thought[J]. Theoria, 2011, 58(126): 56-72.

[7] Jenni C. Psychologists in China: National Transformation and Humanistic Psychology[J]. Journal of Humanistic Psychology, 1999, 39(2): 35-36.

[8] Jones K. The Philosophy of the Daodejing[J]. The International Journal of the Asian Philosophical Association, 2008, 1(1): 23-36.

[9] Jones R. H. Jung and Eastern Religious Traditions[J]. Religion, 1979, 9(2): 141-156.

[10] Kim H. The Original Compilation of the Laozi: A Contending Theory on its Qin Origin[J]. Journal of Chinese Philosophy, 2007, 34(4): 613-630.

[11] Kim Y K. Hegel's Criticism of Chinese Philosophy[J]. Philosophy East and West, 1978, 28(2): 173- 180.

[12] Kleinjaus E. The Tao of Women and Men: Chinese Philosophy and the Women's Movement[J]. Journal of Chinese Philosophy, 1990, 17 (1): 99-127.

[13] Lee Y T. Daoistic Humanism in Ancient China: Broadening Personality and Counseling Theories in the 21st Century[J]. Journal of Humanistic Psychology, 2003, 43(1): 64-85.

[14] Lin M. Levinas and the Daodejing on the Feminine: Intercultural Reflections[J]. Journal of Chinese Philosophy, 2012, 39(1): 152-170.

[15] Peerenboom R P. Beyond Naturalism: A Reconstruction of Daoist Environmental Ethics[J]. Environmental Ethics, 1991, 13(1): 3-22.

[16] Sylvan R, Bennett, D. Taoism and Deep Ecology[J]. The Ecologist, 1988,18(4): 4-5.

附　　录

附录1：戴维·亨顿《道德经》译本前言①

在中国古代神话中，地球自然生成的过程就是以令人敬畏的龙的形式呈现出来的。龙作为生命本身的神秘力量，既令人崇拜又令人生畏。它在生、死和重生的无尽循环中赋予万物生机。龙本身就象征着变化，它的显现是为了再次隐没，周而复始、不断转化。它隐没在丛林中，雨后闪闪发光的树皮就是它的鳞片；它隐没在河水中，汹涌的波涛就是见证。秋天时，它隐没于深潭湖泊，冬眠至春天。当它醒来时，春回大地，万物复苏。它腾空而起，直冲云霄。龙啸春风，吹散秋叶。它身形可化为风云，利爪可变为闪电，为人间带来滋养生命的春雨。

在几千年周而复始的发展历程中，古代中国人的精神世界主要存在于对龙的最深层次的归属感上。这种精神生态可以追溯到道家思想的起源：庄子的狂癫智语和老子窈冥深邃的格言诗。传说孔子与老子相遇后，满怀敬畏地感叹道："龙乘风破云，翱翔天际——那就不是我所能理解的了。今天我见到老子，他就像一条龙！"

在历史中，老子就如同龙一样变幻莫测。在关于老子事迹的记载出现

---

① 戴维·亨顿（David Hinton）在2000年出版了《老子〈道德经〉》英语本。戴维·亨顿在译本的前言部分介绍了生发老子思想的文化语境，阐述了关键术语的文化背景和内涵，对于读者把握老子思想起着重要的引导作用。

的几百年前，老子早已隐没在那些散落的片段中，最终演变成以他的名字命名的一本簿册。在文化传说中，老子比孔子（前551—前479）年长。尽管他被尊为圣人，但是关于他的一切人们却知之甚少，就连文化传说也无从考证：我们只知道老子生在楚国，后来担任周朝守藏室之史；孔子曾求教于老子，对老子敬佩有加；老子对当时人们的境遇痛心疾首，最终决定隐遁尘世。当他西出函谷关时，守关的关令说服他写下了道德五千言。

毫无疑问，《道德经》作者"老子"的生平的确与众不同。他的作品很可能是根据多位活跃在公元前6世纪到公元前4世纪期间（中国哲学史开端）的古代圣人的作品片段拼凑而成的。这些早期文本如同地质变迁一样经历了几百年的磨损、破坏、散佚、汇集、再汇集的过程。很显然，很多古圣先贤参与到这一过程中。他们将材料汇编成《道德经》，将多音复调汇聚成了一个永恒的声音。这一非个人创作的过程却凸显了一个个人的存在：即如果我们忽略文本的碎片化和音调的晦涩，我们就能找到一种一致的、慈悲的、独特的且富有复杂人格的声音。

汇编成《老子》的大量材料来源于古老的口述传统，这些材料极有可能在中国哲学史之前就已经存在了。这些口述材料可能在老子之前三百多年就存在了。但这种口述传统必须追溯到文化最初的起源，甚至追溯到中国文化尚未出现之前。因为道家思想体现了一种宇宙观，而这一宇宙观根植于最原始、最奇妙的存在：地球神秘的创生力量。这种力量对于那些原始先民来说一定是非常奇妙的，不仅仅是因为无尽的新生命奇迹般地从虚无中涌现，也是因为这种力量对于人们的福祉来说至关重要——为他们，当然还有他们的后代提供食物、水、衣物、住所。

在旧石器时代，人类对这种神秘的生殖力量的体验，催生了人类艺术的早期形式，如刻在石头上的外阴和强调生殖力的女性形象。这种艺术无疑与人类最早的精神实践的发展有关，这种实践就是对于"伟大母亲"的各种形式的崇拜。伟大母亲不断给予万物生命，就像她所代表的自然过程一般，也会在生、死和再生的无尽的循环中带走生命又再创生命。这些现象在旧石器时代晚期和新石器时代早期的文化中普遍存在，它们是女性中心主义和平等主义社会结构不可或缺的组成部分。

在《道德经》中，老子反复引用女性特质，从而将令人崇拜的生殖力量凸显出来，如："天下母""万物之母""谷神""玄牝"。在《道德经》中，这种创生力量"玄之又玄"（黑暗神秘又无处不在），因为"玄"正是道本身，是老子思想中的核心概念。当我们想到，为老子思想的形成而奠基的那些古圣先贤，实际上是来自中国旧石器时代原始文化中的女性时，不禁令人欣喜。

被早期中国圣贤所尊崇的原始生殖过程在老子的道论中呈现出新的维度，这些维度将其带入我们现在所谈论的领域，如本体论、生态学、宇宙学、现象学和社会哲学。"道"的原意是"路"，就像"路径"或"道路"一样。老子把它重新定义为一种精神上的"道"，用它来描述一种不可言喻的创生力，这种创生力被视为一种持续的过程。"道"可能被暂时描述为一种生成本体的过程。在此过程中，所有事物都出现而又消逝。老子所说的"道"，是作为自然过程的一部分而存在的。在这一存在过程中，自我只是地球变化过程所呈现的一种转瞬即逝的形态。或者更绝对地说，它既是也不是地球上所有转瞬即逝的形态。也可以说，它就是"龙"。

老子所讲述的龙的故事，至今已流传了近2500年，已然成为中国人典型的精神象征。一旦你的眼睛适应了老子道论世界中的独特光线，那么你就能在陈容先生所做的巨龙画（内部插图）中看到你自己。画中，一条从黑暗云雾中出现的小龙正在接受一条老龙的教导。老龙的鬃毛又细又白，牙齿已经掉了一半，身体在云雾中若隐若现。

老子的思想是由一种流放感驱动的，这种流放感源于人与自然关系之间的一种根本性破裂。在旧石器时代，人类开始意识到自己是从自然中分离出来的，而这种分离产生的距离催生了人类以生产为中心的世界观。在分离的过渡阶段，人类仍然扎根于自然环境中，但又足够独立地创造出丰富的艺术和精神传统，继而进入新石器时代早期的农耕文化。但由于种种原因，这种与自然的分离状态最终破裂，因为生活在农耕村落的新石器时代的人类开始以驯化动植物的形式"控制自然"。这个过程与从以女性为中心的世界观向以男性为中心的世界观的转变是一致的。尽管老子对人类进化的过程缺乏准确的人类学理解，但他经常以鄙夷的态度提及这一历史过程。的确，在某一时刻，他将这一不朽的转变简化为一句诗："天下无道，戎马生于郊。"（第四十六章）。

在中国，这种与自然分离的状态在商朝（前1766—前1040）破裂，即在中国文明史开始时已经是一种完全的破裂状态。它标志着新石器时代文化向青铜器时代文化的过渡，而且这种文化已然成为一种强烈的男权文化。商朝的前身是新石器时代的夏朝，人们对它知之甚少。但在夏王朝之前的旧石器时代文化中，另一种精神活动（即人们把自然之神当作部落祖先来崇拜）随着人们对伟大母亲的崇敬而发展，这也反映出人类对整个地球深深的归属感。比如，一个部落的血统可能会追溯到原始的"高祖河"。这种做法显然是从夏朝延续到了商代，这在商代的甲骨文中曾有记载。这些"自然神"会继续因其自身光环而受到崇拜。但在权力的意识形态中，宗教生活则集中于对所有男性祖先的崇拜。

商朝依据这种新的宗教体系打造了一个强大的神权政府，从而得以统治中华文明长达700年之久。商朝帝王的血统被神圣化并依靠血统进行统治。上帝是集"创造、秩序、伦理"等权力于一身的至高无上的神。商族甚至可以直接追溯到上帝作为它的始祖。无论如何，上帝为商朝统治者提供了一种超然的合法性和权力来源：他保护和推进了这些统治者的利益。通过祖先的神灵，统治者们可以决定性地影响上帝对事件的塑造。人们生活的方方面面都被商王控制着，包括天气、收成、政治、经济、宗教等。其实，人们并未将自己的生活与灵魂区分开来，因为人们生活中涉及的领域只不过是灵魂世界的延伸。

从母系到父系，从养育到支配，从身体到灵魂，从尘世到天堂——这是对原始社会世界观的一种彻底颠覆。在这种世界观中，旧石器时代的人类和自然的统一已经完全破裂，这非常像西方犹太教和基督教的基本教义，即在"一神论"中，精神联系将人类置于超自然的精神领域而不是有形的人间世界。

这就是商朝的意识形态，因其对没有正统血统的大众很少会赋予伦理价值，因此方便了君主对权力的使用。（毫不奇怪，上帝的崛起似乎与商朝的崛起是一致的，后来的神话称其是商朝文明的创造者。）最残酷且具有讽刺意味的是，巨大的苦难把中国人带回了现实，并由此引发了人们从精神文化向人文文化的转变。在传说中，商朝早期的统治者是高贵和仁慈的典范。但是到了商朝末期，统治者变得残忍和专制。由于缺乏独立于宗教体系之外的道德体系，因此没有什么可以保护人民免受统治者的掠夺。与此同时，位于西部的一些部落将一个小国推到了商朝的边界。这个有着"半野蛮"人的小国被称作周，它逐渐接纳了商朝的文化。最终，就如传说中记载的那样，圣王周文王和周武王领导民众推翻了残暴的商朝统治者，建立了周朝，并受到商朝人民的热烈拥护。

然而周朝的征服者们虽然面临着一个问题：如果商朝家族拥有统治世界的绝对权力，那么周朝如何能取代它？他们又如何使自己的统治在商朝人民眼中合法化呢？他们的解决办法是将上帝以"天"的形式重新创造出来，从而结束上帝通过世系血统获得统治合法性的主张。于是他们宣布统治的权利取决于天命，即一旦一个统治者不合格，天命就会撤销其统治权，并将其赋予另一个人。这是中国哲学中的一件大事，它第一次将权力与道德准则联系起来。令人欣慰的是，在周朝统治的最初几百年中，他们似乎令人信服地完成了这一任务。

但周朝最终还是失败了，这既是因为它越来越不人道，也因为它缺乏商朝所宣称的超越自然的合法性来源：如果统治权可以转移给周朝，它显然可以再次转移。周王朝各成员国统治者的权力变得越来越强大。他们想要拥有更多的领地，直到最后这些成员国几乎都成了独立的国家。最终，这些统治者（准确地说应该是"诸侯"）甚至开始自立为王，从而与周王平起平坐。于是周王变成了一个有名无实的统治者。至少，这些诸侯王可以声称自己是周朝开国元勋的后裔。但这最后的合法性也在瓦解，因为其权力被地方领主篡夺，甚至还有下面的官员篡夺贵族和领主在政府中的职位。周朝推翻商朝的这段历史，代表了中国社会结构的分裂：政治权力打破了其家庭或宗教背景，成为一个独立的实体。

周朝"形而上"崩溃的最终结果是完全符合现实的：战争。除了来自北方的"蛮族"（"蛮族"的入侵是对周政权的第一次毁灭性打击）和控制华南的"半蛮族"楚国的持续施压，周朝各成员国之间的斗争也持续不断，内部叛乱频繁发生，给人民带来极大的灾难。这种内乱在老子时代之后继续恶化，整个这一时期被称为"战国"（前403—前221）。同时，统治者在残酷的竞争中开始寻找最有才干的人帮助他们治理国家，这为独立的文人阶级的崛起做了铺垫。这是一个里程碑式的事件，因为文人阶级在当时的文化框架下打造出第一个开放空间，由此王朝的意识形态也受到了挑战。旧的唯心主义的社会秩序已经完全崩溃，这些知识分子开始努力创造一个新的社会秩序。虽然这是中国历史上最险恶、最混乱的时期之一，但却是中国哲学的黄金时代。当时"百家争鸣"，众多学派的思想家纷纷试图设想这种新的社会秩序应该是什么样子。这些学派是由思想家和他们的门徒创立的。因为这个令人绝望的时代赋予了他们一种紧迫的政治使命感，所以他们在全国各地传播他们的思想，试图说服不同的统治者将他们的思想付诸实践。孔子是这个独立的文人阶级中的第一个伟大人物，是中国历史上第一位有强烈自我意识的哲学家。在传说和中国早期思想发展史中，老子通常被认为是孔子的前辈。老子在中国历史的关键时期出现，就像是一条刚刚苏醒的、要复兴衰落的文明的巨龙。老子的道论形成于主导中国一千多年的"一神论"废墟中，这与现代西方的情况迥然有别。老子的"道"使中国早期超然的巫师文化开始向世俗人文主义文化转变。这种世俗人文主义文化是建立在直接经验主义的精神性之上的：属于龙的领域。

虽然"不可言说"是《道德经》的一个中心主题，但我们可以从"有"与"无"的深层本体论层面来讨论它，以接近老子的"道"。"有"，可以被直接理解为经验世界，地球上万物不断形成。而"无"则是一种有创生力的虚空。"有"生发于"无"。在这一框架下，"道"可以被理解为"无"源源不断产生"有"的过程。但是，老子以诗性化和矛盾性的语言将"道"描述为"无"以显示其神秘性：他称之为"虚""静"和"玄"。我们很快就会变得茫然，不得老子思想之要义。因为其本质为无，而无则预示着万物的分化，"道"也预示着语言本身的分化。事实上，"道"未必能涵盖老子所要描述的东西：老子说"吾不知其名，强字之曰：道"。

"道"的本体结构被复制在人类意识的结构中，而思想产生于与万物一样的生成性的虚空之中。因此，"道"是无法言说的，因为它先于思想而存在。老子说"有无相生"，意思是它们是同一的，但一旦发生，它们的名字就不同了。在有和无出现之前，它们保持同一且为一体，而"道"则超越一切分化。

在意识深处，通过冥想就可以直接体验到"道"。随着思想从虚空中萌芽，又消失在其中，你可以观察"道"的过程，或者你可以停留在那个没有分化、创生"无"的虚空之中。在"无"的虚空之中冥想，你就能到达老子精神生态的核心，并以最深刻的方式重新融入原始宇宙。在这里，主观性和客观性的区别消失了，意识和自然过程融入一个单一的组织中。毫无疑问，冥想之所以成为一种如此深刻的体验，部分原因在于它将我们从最根本性的混乱中解放出来。因为只有在过去的几千年里，人类才体验到意识从自然过程中分离出来。因此，在把我们带回意识和本体论的无差别层面的同时，冥想实践又把我们带回到古代人类文化的无差别层面。

道家思想最终得到了禅宗的补充和加强，而禅宗则是道教和佛教的融合。在唐朝（618—907）之初，禅宗有广泛的影响力，但道家思想仍然是最典型的精神方式，因为道家思想的深刻性无论对于其本身还是对于禅宗而言都至关重要。对于禅修来说，没有什么比冥想更重要的了：事实上，"禅"字面上的意思就是"冥想"。禅修在早期道教文学中并没有像在佛教文学中那样被广泛地讨论。但很明显，冥想是被人们广泛实践的，因为《道德经》和《庄子》都包含了许多暗示冥想经验的段落。难怪，老子往往不直截了当提及冥想：事实上，文本中有很多地方可以被解读为"把冥想意识描述为圣人行为的特质"。文本中多以非间接或含蓄的诗句出现，而不是长篇大论："涤除玄鉴，能无疵乎？"（第十章）；"致虚极，守静笃"（第十六章）；"坐进此道"（第六十二章）；"塞其兑，闭其门。和其光，同其尘，挫其锐，解其纷。是谓玄同"（第五十六章）。

作为一个诗人，老子最令人印象深刻的是他如何用诗歌策略引导读者进行冥想体验的。神秘的言辞，模糊的术语，既开放又神秘的格言段落，将固有的不确定性应用到古汉语的句法和语义中——这些惊人的手段让诗句尽可能贴近"道"的原始未分化的神秘感，使读者参与到创生语言、思想以及天地万物的虚空之中。

老子"宇宙论"让我们对"有"的范畴有了更深的了解，超出了我们将其理解为"周围的经验世界"的意义限定。在早期道家文本词汇中，"天"是"道"的近义词，但"天"侧重于"有"的深度，而"道"则侧重于"无"的神秘性。当老子和庄子应用"天"这个词并将其变成自己的独特概念时，与历史上关于"天"的概念产生了共鸣。"天"最初的意思就是"天空"，引申开来，也有"超越"的意思，因为我们最原始的超越感可能是来自仰望天空的简单行为。当把"天"与超越或超出联系在一起时，"天"就有了"命运"或"宿命"的意思。但是，当早期道家在意义中为其注入"自然"或"自然过程"时，思想的复杂性就被完全改变了。因为天成了地，地也成了天。地球的自然过程本身既是我们的命运也是超越我们的东西。自我不过是地球变化过程中呈现出的一个转瞬即逝的形态——生于兹，又以死亡的形式复归于兹。或者更准确地说，非生于兹，而是未生。真我并未出生，它既是又不是地球上所有转瞬即逝的形态。

考虑到老子"宇宙论"年代久远，其所谓的"未生"的观点似乎从远古时代就存在于中国人意识的深处。确实，（身）这个词的意思是"自我"，同时也指"身体"。无论它有多么古老，它都是对现代生态学中一个核心原则的哲学陈述——地球上的生物群是一个复杂的食物网，而我们人类和其他任何有机体一样都是其中的一部分。在中国早期和现代科学之间的过渡时期，这种"未生"观一直以来都是中国知识阶层的极大慰藉，尤其是在面对死亡的时候。正如老子多次暗示的那样，他们在死亡中看到永生。他们在意识结构中例行体验这种"未生"观。就像身体在死亡时再次溶入生成过程一样，他们可以看到自我（思想、情感）溶入生成源头的活动，冥想着栖居在那永恒的死亡之地。

　　老子的"天"代表了中国千年神话思想进化的终点。他和庄子既用神话来世俗化神圣，又赋予世俗以神圣化的维度。老子开创了一种在"自然"中摆脱世俗与神圣二分的新传统。"自然"实际上是"天"的同义词，但没有"天"的超越性。"自然"的本义是"自身如此"或"自己本身"。在哲学中，这一概念变成了"本身就是这样"，即"自发"或"自然而然"。但对"自然"更有启迪作用的翻译可能是"自己发生的事情"，从而描绘出万物从生成源头自发地迅速发展的状态。万物根据各自自身性质，独立且自给自足，各自死亡又轮回到变化的过程之中，只不过是以另一个自我生成的形式再次出现。可以说这最原始的世界观也是完全现代化的，因为这种世界观在描述整个生命系统是如何运作以及在关注系统中每个个体的特殊性方面与现代生态学完全符合。这真是令人惊讶不已。

　　神话是关于自然的故事，但是老子却回到了没有神话的现实中。这种透彻很可能源自商周时期神话权力结构之外的原始口述传统。但无论如何，它代表着老子想要回归到原始中国文化的程度。在原始中国文化中，人们的经验是基于对大地创生力量的崇拜而组织起来的。"自然"只不过是被视为一个有无限创生能力的有机体——大地，这一想象产生了一种非同寻常的世界观。这种世界观让我们知道世界是一个无所不包的存在，是我们现在称之为时空的、不断向前发展的事物，而不是形而上学意义上的时间和空间。或者更确切地说，它是万物本身不断发生的变化，因其不断发展漫延继而涵盖了我们所认为的过去和未来：就像老子的"道"一样，"盈"和"虚"没有区别；死亡和未来一样都是"道"的一部分。在不断发展的过程中，主观和客观也没有区别，因为它包括一切我们称为精神的东西，即一切出现在心里的东西。在这个充满创生性的世界中，存在着一种令人敬畏的神圣性：万物中的每一个个体以及他们的意识，似乎都是从其内心的一种虚空之中奇迹般地迅速向前发展，同时也总是从宇宙自身的中心不断向前发展。

　　在中国历史上，明显缺乏一个创生神话（在商朝时期似乎确实存在这样一个神话)。这一点也可以反映出老子的"宇宙论"之古远,因为在这样的"宇宙论"中不可能只有单一的世界原始创生:创生是一个持续且完整的事件。但在中国,这种"宇宙论"从根本上来说可能存在于其语言本身。这种深层次的存在表明它的起源可以追溯到最早的文化层面。彼时,文化和语言刚刚出现,文字刚刚从象形文字中脱胎。人们的宇宙观就存在于最小的语法结构中。在语法结构中,意义仅仅是由单词在开放的文本中的出现顺序决定的。在开放的文本中,大量有序的人类存在是根本不可能的。人们的宇宙观也存在于象形文字的名词和动词的特征中。但在动词中的宇宙观尤其鲜活:古代汉语的无屈折变化动词并没有体现出形而上学意义上的时间和空间,也没有体现出过去、现在和未来的一系列事件,它们只是记录了行为,即事件本身快速的发展。即使在更加清晰的现代汉语语法中,动词也只是记录了业已完成的动作和行为:发生事件和自然而然发生的事件。

　　道家之"道"是通过践行"无为"而成为事物快速发展的一个有机成分的。"无为"(字面意思是"不做任何事")是另一个核心术语,意思是不干涉完美且自给自足的自然发展。但这必须和它的镜像放在一起来考察:"无事做"或"无事是自己做的",意思是在行动时没有人将其与"自然"分开。"无为"是自然而然的运动,因此当我们依照"无为"而"为"时,我们就顺应了创生之源。这开辟了一条通往哲学最深层次的道路,因为"无为"也可以从字面上理解为"不存在为"。而这反过来又为更直接的理解"不为"赋予了最广泛的维度,因为"不为"总是带有"不做任何事/不存在"的感觉。因此,它可以被描述为复归到创生性世界观的原始存在。

　　"无为"原则上提出了"德"的问题,即本书书名中的另一个关键词,《道德经》中的"德"。德在"遵守道"或"践行道"的意义上涉及"道"的完整性。对于"非人类的自然世界"来说,德并不是问题,因为一万次改变依然是"无为"的。只有在人类社会中,"无为"的完整性才是有问题的。在这里,我们会遇到一种放逐感,而这种放逐感是老子思想的主要驱动力,它将人类与自然过程分割开来。当西方文明轻率地向流放的荒漠进军时，中国则选择复归遗失的家园并与其亲密相处，培育富饶的边缘地带。

由于人类不再归属自然过程，所以他们的归属感是以"无为"的形式被精心培育的，并与非人类的"自然世界"产生了更广泛的亲密关系。根植于老子的精神生态学说，这些做法成为几个世纪以来中国人自我修养的术语。这在艺术实践中表现得最为明显，因为它已成为每个人精神生活的重要组成部分，并且对于受过良好教育的文人阶层来说不亚于一种精神纪律：书法家、诗人和画家都渴望利用那种无我的、自发的自然力量进行创作。他们精心设计的艺术作品中的元素往往是"自然世界"中的主要层面：月亮和星辰，河流和高山，田野和花园。但也可以看到，中国的文人也常常将饮酒作为一种消解自我和"自然界"分离状态的方式。这种做法通常发生在户外或者发生在一个开放的建筑空间里，其开放的院墙能创建出一种涵摄世界的虚空之感。还有很多其他的例子，比如隐居在山林中的愿景，或者被广泛实践并被认为是自然过程中"无为"最基本形式的冥想。

因此，可以说正是老子的"道"定义了中国人精神上的"道"。但像其他百家争鸣时期的哲学家们一样，老子认为他的主要使命是拯救其所在时代备受踩躏的社会。"无为"是他政治主张的核心，因为对于老子来说，"无为"是整个社会正常运转的本然状态。与人的意识一样，社会的结构也与"道"的本体结构相呼应。人（像思想一样）代替了不断向前发展的万物。每一种事物的发展都因循自己的本质特征。而统治者/政府（就像空虚的心灵）取代了"无"，只是为人们提供了一个让其各得其所的自然发展空间。因此，他将社会回归到一种与其他自然过程一样的"无为"而治的状态。老子的理想社会本质上是一个新石器时代早期的以生成为中心的文化。尽管老子把社会设想为一种君主政体（那是古代中国唯一已知甚至可以想象的政治制度），但老子的君主只是一个名义上的君主，他理想中的君主实际上是无形的。

像所有中国人一样，老子相信这样的社会才是典范：传说中就用这些术语描述夏朝以前的社会，包括当时的圣王。老子认为，从那时候起，社会就已经因为人们失去了对"道"生成过程的原始归属感而崩溃了。他们不是按照人类简单的自然本性行事，而是被自我膨胀的追求所驱使，即对超越"自然"需求的欲望的追求，如食物、肉体、性等。这些对财富、地位和权力的"非自然"欲望，把一个平等主义的社会变成了一个由支配和服从构成的恶毒网络，少数人的强大会让多数人付出巨大代价。事实上，这正是始于新石器时代。毫无疑问，老子的批判代表了对现代资本主义的基本批判，因为现代资本主义是通过制造欲望而迅猛发展的。

老子提出的和谐富足社会之道要求人们遵循"无为"，即满足需求而忘记欲望。这种对欲望的政治批评呼应了意识和本体论层面上对欲望的基本批评。即使是最轻微的欲望行为，比如说"是这个而不是那个"，也会将我们置于自发生成过程之外。接受一切源于自然的东西就是回归本体论与意识的无差别本源。这与社会回归"无为"而治是一致的，也是"无为"而治的前提。所有这些都包括在老子所说的"复归于道"。在这三个方面（政治、本体论、意识）的回归是对人类文化中最早的、无分别层面的回归——这些层面先于分别而存在。这就意味着这样的社会不仅是彻底的平等主义社会，而且关于伦理道德和社会正义的问题甚至还没有出现。

老子的政治哲学是其本体论的逻辑延伸，不仅复制了本体论的结构，而且以一种不妥协的个人主义形式复制了其深刻的主体性。这本身就是一种激进而持久的政治。然而，虽然他的理想主义愿景看起来十分准确和吸引人，但它几乎没有提供一个实际的方法来对抗破坏人类社会的残忍势力。原因很简单，如果这样做的话就从根本上违背了"道"。老子将欲望与存在联系在一起，认为欲望带来变化。老子完全知道自然过程本身就是无限的欲望，万物通过一次又一次的转变推动其超越自己。无论我们做什么，无论何种欲望驱使我们，人类都是这些转变的一部分，也是"道"的一部分。事实上，当老子说"道"是"不仁"的，甚至将其称为"刽子手"时，他一定在思考所谓的自然过程的和谐其实也包含了大量的浪费和破坏。老子解决社会不公的方法本身就是一个庞大的"非自然的"欲望系统，是一种不仅要改变人类世界的最基本构成，而且要改变"道"本身的无望的尝试。

庄子是更加坚定和彻底的。他意识到人类社会无论多么悲惨都是"道"

的自然的一部分，因此他没有试图将道家思想塑造成一种社会正义的体系。事实上，他是对以人为本的方法的全盘拒绝。尽管老子拒绝这一方法，但是他却被深深的同情感所驱使。这也体现了老子善良和令人信服的人性：他对普通人绝望困境的关注促使他提出了与其哲学思想相矛盾的政治原则。不可避免的是，这些矛盾的原则的失败无疑让老子深感挫折和绝望，迫使其西行远去。总之，老子思想与其说是一种实用的政治哲学，不如说是一首政治诗歌。随着社会分层继续在社会不公正的基础上蓬勃发展，这首诗歌的悲叹之声只会越来越尖锐。

千百年来，道家哲学规约了中国知识分子的私人精神领域，而儒家哲学则限定了其社会领域。虽然老子渴望用他的智慧来解决彼时的社会问题，但这个任务却落到了孔子身上。孔子创造了一个全新的社会体系，一个既符合老子思想又能在现实社会中应用的社会体系。在其社会哲学中，孔子似乎是将业已存在在文化中的宇宙观引申出来而已。这一宇宙观并不是商朝"一神论"的全新替代品，而似乎是从商朝之前的原始文化中幸存下来的。孔子学说再次表明商朝的"一神论"只是一种方便权力使用的意识形态的保证。这一被忽视了上千年的宇宙观的复兴引人注目。尤其有趣的是，它与我们的直接经验和现代科学对宇宙的解释是如此一致。无论如何，似乎在老子之前的早期思想为百家争鸣时代奠定了这一宇宙观的基础，而孔子思想生发于此宇宙观。尽管如马克思曾期望的那样，这个以女性为中心的宇宙观在其历史上并未能阻止在中国文化中长久以来存在的男权暴政（因此正如在这篇文本中显示的那样，中国古代的圣贤都是男性），但是中华文明宇宙观的形成是对中国古代宇宙观的一种复兴，也是对文化最原始根源的一种回归。这不仅是对生成性世界观的回归，也是对"无为"属于自然过程的回归。它是古老的、代表中国原始文化的自然神崇拜在世俗世界的一种延伸。

随着孔子对政治维度的补充，老子的宏伟愿景在中国世俗社会中便有了操作的可能性，尽管这种愿景在实践中很少得以实现。因为人类生活在一个自然的、自我生成的和谐宇宙的原始生态中。这一宇宙观的两个主题——孕育着"无"的虚空和在永恒变化中由无到有的景色——总是出现在中国山水画中。在自然过程的宇宙观中，还有人类。在空旷的大地上，人烟稀少的景色从巨大的虚空领域中以如此引人注目的方式被呈现了出来。在常路先生为本书封面所作的插图中，老子正通过函谷关：为世人所经受的苦难而痛苦，却仍然微笑着看着一只蝴蝶（蝴蝶是庄周梦蝶中的著名意象）。当老子穿过群山进入西方的迷雾中时，他消失并回到了万物神秘的转变之中。他所留下的声音是玄秘的声音，是龙的声音，也是大地的声音。

附录2：比尔·波特《道德经》译本前言[①]

《道德经》一书言简意赅，是老子于公元前6世纪末所作。书中描绘了当我们接近玄暗的新月之道时，生活会是什么样子。

老子强调黑暗总是会变成光明。黑暗本身包含着成长和长生的潜力。而光明只能变成黑暗，随之而来的是腐朽与早亡。老子选择长生，也就是选择了黑暗。

老子选用"道"（Tao）这个字来代表他的观点。但"道"（Tao）是路的意思，看起来好像与黑暗无关。在中文中，"道"这个字是由两个部分组成的：一个是"首"，即"头"的意思；另一个是"辶"，即"走"的意思。为了弄清楚这个字是如何构成的，早期的文字学家认为："头"意味着一件事情的开始，"头"和"辶"这两部分组合在一起就意味着一个人正要开始一段行旅。但是最近一位来自中国台湾地区的学者杜而未在他的新书中就"道"这个字提供了一个更令人信服的字源学阐释。据杜而未的说法，"首"这个字在"道"中代表的是月亮的正面；而"辶"的意思则来源于月亮在天空中划过时被遮掩的一面。

杜而未还指出："道"和其他文化中代表"月亮"的字都有共同的语言学基因：藏族人把月亮叫作"da-ua"；苗族人，现今分布在中国的西南部，但在老子生前他们都住在同一个地区，他们则把"月亮"称为"tao-tie"；古埃及人则称之为"Thoth"。杜还在书中增加了"dar-sha"这种叫法，也就是梵文中"新月"的意思。

然而，杜而未理论的核心并不是语言学研究，而是基于历代《道德经》注疏和文献的文本研究。老子所说的"天地之间""天门""虚而不屈""谷

[①] 比尔·波特（Bill Porter，笔名赤松，Red Pine）在1996年出版了《道德经》英译本，2009年对该译本进行了修订。该译本最大的特色就是征用了过去两千多年的历代老子注疏，副文本及其有研究价值。该译本的前言部分由燕山大学外国语学院2020级硕士朱佳莹翻译完成。

神""恍惚""窈冥""不盈""光而不耀""三十辐共一毂""十有三""橐龠""反者道之动""大象""袭常""营魄""玄同""玄牝""玄之又玄"等，不都是与月亮有关吗？如果这些都不是指月亮，那还能指什么呢？

我认为，杜而未揭示了《道德经》中被大多数学者所忽视的深层而原始的意义。当然，我们并不能肯定地说老子把道家和月亮联系在一起是有意为之。但我们看到这些与月亮相关的意象如此频繁地出现绝非偶然。

老子并不是唯一一个把月亮和"道"联系在一起的人。在古代，道家就用两个"半月"组合而成的图案"☯"来代表"道"，所以他们怎么会忽视月亮和我们自身变化的循环呢？我们看到，每个月的月亮都是从无到有，从黑漆漆的一片变成一个发光的圆盘。它在天上与众星斗为伴，在地上则引起潮起潮落。海洋能感知到它，大地能感知到它，植被和动物能感知到它，人类也感知到它（虽然女性似乎对它更为敏感）。在《黄帝内经》中，岐伯向黄帝解释说："月始生，则血气始精，卫气始行；月郭满，则血气实，肌肉坚，月郭空，则肌肉减，经络虚……"

随着文明的发展，我们与这种最简单的月亮运行的意识渐行渐远。我们甚至把那些受月亮影响的人叫作"疯子"，这也表明了我们对这种月亮影响力的蔑视。而老子又重新让我们面对这面古老的镜子，但不同的是，老子并未强调月亮光明的一面而是直指它黑暗的一面。每个月，月亮都在向我们展示从无到有的过程。老子教导我们要去模仿月亮的这一特点：不是满月，因为月满则亏；而是新月，因为新月意味着重生的希望。当他指导我们要凝视月亮黑暗的一面的时候，他想让我们明白我们为什么不能"长且久"。毕竟，我们和月亮在本质上是一样的，月亮不就是不朽的吗？

学者们往往忽视了老子对黑暗和永生的强调，因为这些主题超越了学术研究的范畴。而对于这些学者而言，"黑暗"仅仅是一种用于形容神秘事物的诗性表达。而永生则是对长生的一种委婉说法。多年来，这些学者从后来发展的道教中萃取了所谓的道家哲学。有的学者把《道德经》视为政治或军事权谋制作，有的将其当作原始的科技自然主义或乌托邦主义，亦有学者将其看作是一则格言集。

如果硬要把《道德经》纳入现代话语中，不仅会曲解《道德经》本义，而且还会将后世道家建构的与《道德经》文本相关的传统视为无关的和误导性的。同时，《道德经》激励和启迪着数以百万计的中国人，被奉为圭臬。我也曾努力向大家传达书中的黑暗之光。哲学家们的语言是无法将其表述清楚的。如果语言有用的话，那么一定是诗人们的语言，因为诗歌可以直指事实而毫无阻碍；而散文则挡在门口向我们讲述外面所有的奇妙，却不会让我们通过。

从这个方面来说，《道德经》是周朝众多伟大文学作品中独一无二的存在。除了《诗经》中的诗歌和民谣之外，中国历史早期并没有出现其他诗歌著作。其他智者的智慧以散文的形式呈现。虽然我无意对老子的诗歌进行再创作（许永璋修改了原本确定的28种不同的韵脚），但我尽力去传达老子将我们的呼吸与精神的意象糅合在诗歌中的那种感觉，但这未必是我们的思想。《道德经》是一篇长诗，歌颂的是我们难以命名的事物，而不是想象的事物。

尽管"道"晦涩难懂且"不可名"，但是老子却告诉我们可以通过"德"来理解它。"德"意味着"美德"，既指道德上的也指行为上的。严灵峰说："'德'是'道'的外在呈现。'道'包含在'德'中。如果没有道，德则名存实亡；反之，如果没有德，道则无法显现。"韩非子概括的更为简洁："德者，道之功。""德"是我们了解"道"的必经之路。"德"是我们养成的。然而，老子所说的美德并不是要我们遵循一个道德准则，而是一个不包含任何行为准则、无我、无他的行为，即"无为"。

《道德经》围绕着两极展开：一极是"道"，玄暗、身体、本质、道路；一极是"德"，光明、功能、精神、美德。从起源看，"道"是先于"德"的；而从实践来说，"德"是先于"道"的。黑暗为光明提供了闪耀的机会，光明则让我们看到黑暗。但是，过于明亮也会蒙蔽我们的双眼。老子看到人们追逐光明最终却加速了自己的灭亡，所以他劝诫人们选择黑暗而不是光明，选择"少"而不是"多"，选择柔弱而不是刚强，选择"无为"而不是"为"。哪一种更容易做到呢？

老子对黑暗的偏爱也延伸到他自己身上。过去的2500年间，中国人对《道德经》尊为万经之首，然而他们对这本书的作者却一无所知。他们真正知道的，又或者说他们认为他们知道的相关信息，是来自于由司马迁编纂整理的《史记》，这本书大约写于公元前100年。虽然我们不知道他书中信息的来源，但是我们的确知道司马迁是同代人中游历最为广泛的一个。他曾不远万里去考证他收录到书中的信息确凿与否。虽然后来这本书中对老子的批判被广泛征用，但此书是迄今我们找到的最早评论老子的文献，是值得被一遍又一遍细读的。

根据司马迁的记载，老子是楚国苦县人，就是今天的河南鹿邑。如果你正在中国旅游或者想在地图上找到这儿，你可以先找到位于承州和徐州之间火车线上的商丘。鹿邑就在商丘南部的70千米处。人们在其故里东部修建了一座庙宇以纪念老子。

这个地区被称为黄淮平原。顾名思义，这是由黄河和淮河下游的泥沙冲击而成的。从新石器时代开始，中国人在这里种植小麦和小米，继而种植棉花和烟草。对于整个中国来说，这一直是中国的丰产区。在远古时代，这里也是兵家必争之战略要地。

根据后来的史学家的记载，老子应该出生于元前604年或公元前571年。司马迁虽然没有写出具体日期，但他确实认为苦县是楚国的一部分。苦县一直是陈国的一个小郡。直到公元前479年，楚国吞并了陈国，所以苦县也就成为楚国的郡了。一些学者认为要么在老子生前苦县并不归楚国，要么老子就是晚于公元前479年出生的。但我们无须去纠结这两种说法。司马迁可能已经意识到早在公元前598年，楚国就占有了陈国的财富并几乎吞并了陈国。只不过随后改变了主意，把陈国变成了一个"邻邦"。

苦县到底是不是楚国真正的一部分并不重要。真正重要的是，在公元前6世纪，楚国是占领了苦县的哪一部分？这个问题很重要，并不是因为我们要证实司马迁的记载是否正确，而是在于这能把我们关注的焦点转移到楚国所代表的文化影响上。因为楚国跟其他中央平原的国家并不一样。

虽然楚国的统治者把他们的祖先溯源到黄帝（华夏始祖）的后裔（祝

融），但他们代表的却是萨满教的一个分支教派。他们的祖先居住在黄河南边的嵩山上。后来，他们一路沿着西南方向定居在长江北面的青山地区。经过几个世纪的辗转，他们与苗族等部落相融合，并融入了他们的萨满文化。楚国的统治者取"熊"为姓，他们称自己为"蛮"或"夷"，这在中国的中原地区是"野蛮人"的意思。

楚国的文化对老子的影响是无法估量的，这也确实帮助我们更好地了解《道德经》。最起码让我们知道这本书是由一个熟知萨满文化的人撰写的。后来道教在几百年的发展中仍然很大程度上依赖于萨满教，并且一些学者找到了楚国的方言对《道德经》影响的证据。

后来，这个地方就是老子成长的地方了，但那时他的名字并不叫"老子"。司马迁说老子姓"李"，名"耳"，字"聃"。除了给我们列举出这一长串名字外，司马迁还告诉我们：老子，或者也叫李聃，曾担任周朝守藏室之史。

在进一步论述之前，我想说明一下，有些学者反对司马迁所说的"李耳"或"李聃"的说法。他们认为应该是一个叫"老聃"的人担任周朝守藏室之史。至于时间，有学者认为应该是在公元前6世纪，而不是公元前4世纪。他们认为，公元前6世纪更站得住脚，因为这就能解释为什么老子会使用新颖的文体风格，为什么庄子提到"老聃"的《道德经》，而不是"李聃"。从这点来看，司马迁应该对庄子的文章非常了解，他也很清楚公元前4世纪的历史学家"老聃"。事实上，司马迁承认的确有些人认为的"老聃就是老子"。但司马迁并不认为这两者是一个人。总的来说，如果"聃"是老子的字，那为什么庄周和后来者不叫老子"老聃"呢？又为什么两个世纪以来没有两个同名的相关记录呢？

无论怎样，老子是在周朝的都城洛邑为官的，而这里正好位于苦县西部约300千米的地方。早在公元前3000年，洛阳曾是新石器时代的发祥地，也是第一个在夏、商两朝都有军队驻扎的地方。当周朝在公元前1122年推翻商朝时，周朝的君主就在军队营地周围建立了一个新的陪都，并取名为"王城"，意思是王所在的城市。周王虽然通常只在新王朝的两个西边的首都——丰和镐居住（离现在的西安比较近），但在公元前771年这两个城市都被入侵了，"王城"就成了一个孤零零的皇宫。这里正是老子在朝廷上记录事件的地方。

老子在周景王死后的几年里一定非常忙碌。周景王死于公元前520年，他的两个儿子，一个叫王子朝（原名姬朝，是周景王姬贵的庶长子），另一个叫敬王（原名姬匄），各自都宣布自己是皇位继承人。起初，王子朝占据上风，敬王被迫逐出首都。但在其他权贵的帮助下，敬王没过多久就回来了，在王城东边15千米的地方建立了另一个首都，并给新首都取名"成周城"——意思是"周朝的荣光"。公元前516年，敬王终于把他的兄弟逐出了都城。

同年，老子作为守藏室之史还留王城中。他见到了一个鲁国的来访者，也就是孔子。孔子对礼制很感兴趣，于是请教老子给他讲古代帝王举办典礼仪式的事情。据司马迁记载，老子为孔子提了一条建议："你所说的礼，倡导它的人和骨头都已经腐烂了，只有他的言论还在。况且君子生逢其时就驾着车出去做官，生不逢时，就像蓬草一样随风飘转。我听说，善于经商的人把货物隐藏起来，好像什么东西也没有。具有高尚的品德的君子，其容貌往往看起来却像愚钝的人。去掉你的骄气和过多的欲望，还有你的情态神色以及过分的志向，这些对于你自身都是没有好处的。我能告诉你的，就这些罢了。"听完之后，孔子对他的弟子说："今天我见到的老子就像一条龙。"

这则"孔子问礼于老子"的故事在很多古代典籍中都有，不可能是后世道家编造出来的。儒家典籍中也记录了这次会面。传统上认为，老子第一次见到孔子时已经是88岁的高龄了。如果这一说法是真的，如果老子是在公元前604年出生的且这两位圣人应该在公元前516年见面，而那时的孔子35岁。所以这是可能的，虽然在那时孔子可能还没有那么多的弟子。

与孔子见面后，老子决定坚持自己的主张。于是他乘牛车离开了都城。他的离开是有充分的理由的。因为那时当王子朝被驱逐出王城时，他随身带着皇室档案，也就是老子一直负责保管的那些。假使老子需要一个离开的理由，那么公元前 516 年就是最好的时机。

由于档案丢失，老子也就无事可做了。毫无疑问，他也厌倦了无望的中原统治。然而，他并没有回到东边的故乡——苦县，而是去了距洛阳西面 150 千米的函谷关。

毫无疑问，老子作为周朝守藏室之史在经过所有地方关卡时都会拿出相应的文件通关。函谷关宽不过两驾马车，在黄土高原上形成了一道长 17 千米的关口。在古代，中国人常说："控制了函谷关也就控制了全中国。"

幸运的是，老子被盼来了。根据道家记录，关令尹喜看到了紫气东来的瑞相，于是他推断一定会有一位圣人由此经过。并且他还知道任何一个人去西方都要经过函谷关这个关卡。当老子出现的时候，尹喜断定他就是这个圣人并向他请教。根据司马迁的记载，老子写下《道德经》并赠给了尹喜，然后继续西行，不知其所终。

后世道家认为，老子西出函谷关后继续西行，而且尹喜也陪在老子左右。尹喜后来还邀请老子往西走了 250 千米去楼观台。后世道家说老子在楼观台停留了一段时间并完成了《道德经》，然后继续西行 150 千米后过散关（今陕西宝鸡西南）进入蜀地。尽管蜀地以杜鹃鸟为图腾而不是以熊为图腾，但是蜀国的奠基者与楚国的创建者却是同宗同源。在蜀地，老子隐姓埋名，最终羽化。

说来奇怪，在楼观台西边约 6 千米的地方有一块刻有老子名字的墓碑，但 20 世纪 60 年代被推倒了。我上次去那儿是 1993 年，那时那块墓碑还是没有立起来。我问过那里的一位叫任法融的方丈："这里怎么样？""老子过散关了吗？""老子被葬在楼观台了吗？"这位方丈说这所有的故事都是真实的。就像孔子所说的，老子是人中之龙。作为蛇族的一员，我们为什么要怀疑他蜕掉皮囊、穿过被禁止通行的关卡的能力呢？

所以，不管老子是谁，生在何时，他消失得无影无踪，只留下了这薄薄的一本书。这本书起初并没有名字。当像墨子和文子于公元前 5 世纪借引这本书的观点时，当庄子和列子在公元前 4 世纪也从这本书中借引观点时，当再后来韩非子在公元前 3 世纪注解此书时，当又到后来淮南子于公元前2世纪品读此书时，他们仅仅说"老子曰"或者"老聃曰"。所以，后世的人们开始把所有这些引文的来源叫作《老子》。

司马迁也提到了这本书原本没有名字。他只是说老子写了一本书，书中分为两部分，同时人们开始把这两个部分分别叫作"道"和"德"。针对这一点，司马迁还加了"经"这个字，中文是指"古代的文本"。所以老子的书被称为《道德经》。

除了上面提到的这两个部分，《道德经》还被分成不同的小章节。和其他古代典籍文本一样，文章的标点句读和细目都交给了读者自己去划分。与此同时，司马迁还写了关于老子的传记。公元前1世纪严遵为《道德经》做了注疏并且把这本书分成了72章。1世纪前或者几个世纪前，那时还没有人知道，河上公把该书分成了81章。然后1000年之后，吴澄将其分成了68章。但是这么多年过去了，仍然沿用至今的是河上公的版本。在他的版本中，我们可以看到他给每一章都加了标题。

这一文本有10多个版本，每个版本都包含了五千到六千多个来自不同地方的文字。每个版本之间数字的差异并不重要，因为大多是增减语法所造成的。很多作者为了简洁就删掉了一些。各个版本最大的不同不在于文字的数量，而在于对特定短语的阐释和对文本内容的增删。

几个世纪以来，许多帝王在面对变数、要作出决策解决争端时总会翻阅这本书。所以他们的需求促成了《道德经》标准本的问世。但是，就算是标准版本也仍存在修正的空间，并且每一个研习《道德经》的人都在不断地选择不同版本以便把握其要义。

鉴于这一考量，1973年末，《道德经》研究进入了一个新阶段。因为这一年在长沙（湖南的省会）马王堆汉墓，考古学家发现了两个手抄本，而这两个《道德经》手抄本是于公元前168年被封存起来的。尽管过去了2100多年，这两个写在丝绸上的抄本居然还保留完好。

监督这次出土并在近期指导马王堆博物馆建立的人叫高幸枝。按照他提供的官方解释，考古人员在这次考古活动中采用了黏土和木炭覆盖住墓堆的方法以避免破坏这些抄本。他在私下里说，考虑到墓内一些变质的物质会产生一种不知名的气体，为了能完整出土，考古人员也是费了一番心思。一开始他想要取一点墓堆中的气体去化验，但正值"文化大革命"期间，所以他花了两天时间骑着他的自行车围着长沙转，希望找到一个能为他提供专业设备的人。但到那时墓堆里的气体早跑光了。

然而，这些出土的典籍弥补了他的遗憾。和《道德经》一起出土的还有一些至今不知道是谁写的关于《易经》的评论，还有大量黄帝时期散佚的文本。于是中国科学院立即召集了许多学者组成了一个委员会，让他们去检查这些文本然后还原其中难以辨认的部分。

发现这些帛书之后的几年时间里，马王堆出土的两个《道德经》帛书本阐释和纠正了之前人们难以理解的语句。如果没有它们，我就只能从这些我不是很满意的版本中挑选出一本了吧。但是马王堆出土的帛书仍然存在许多错误，需要我们小心谨慎地加以用之。

幸运的是，我们还有另一版始于同时期的文献可以参考。和马王堆的文本一样，这一版也是在一个墓堆中被发现的。该墓在公元前200年后被重新封了起来。这个墓堆在徐州大运河城附近，于公元574年再次被开启。不久，一个名叫傅奕的占星家推出了在墓葬中被发现的《道德经》版本。

除了马王堆和傅奕的《道德经》版本，1900年后，在被称为丝绸之路绿洲的敦煌，人们先后发现了60多个《道德经》版本。多数版本可追溯到8、9世纪。其中一个版本是由一个名叫索紞的人于公元270年完成的《道德经》手抄本，为后世的《道德经》研究提供了有价值的借鉴。

我们还可以看到公元4世纪时伟大的书法家王羲之的《道德经》手抄本，以及中国历史上十多个皇帝敕令在石碑上刻下完整的《道德经》文本。像严遵、河上公和王弼等早期的老子思想评论家留下了许多关于《道德经》的注疏（这里就不再一一列举墨子、文子、庄子、列子、韩非、淮南子和其他学者文中引用的《道德经》中的话语了）。

为了能理解该文本，我几乎查阅了所有《道德经》版本，并把各个版本中的评论和我自己的想法融合在一起形成了一种新的阐释视角。为了让那些可以读懂中文的朋友能更好地理解，我也在书中加入了我的翻译，还加入了一些评论，以供读者更好地理解。

　　几个世纪以来，好多中国杰出的作家都致力于注解《道德经》这本书，但大家都要借助至少一本逐字逐句注释原文的书，不然不利于理解。我一开始决定翻译《道德经》时首先想到的是，西方的读者朋友们因为没有这些文献所以理解起来肯定困难重重。为了解决这个问题，我收集了几十篇著名的注疏。虽然其中有几篇晦涩难懂，但我把他们挑选进来是因为这些文章能为读者提供重要的背景信息和观点以供参考。

　　我引用的注疏文献共涉及 11 个男学者和 1 个女学者。根据引用频率，他们分别是：苏辙、河上公、吴澄、王弼、释德清、宋常星、李息斋、吕惠卿、王雱、成玄英、曹道冲（女）和王安石。对于书中提到的传记和其他评论家的信息，读者朋友可以直接翻到本书的 165 页按照词字母顺序查找。

　　读者们也会注意到我尽量规避了一些评论，因为我并不知道读者正在看的章节适合哪个评论。我认为这本书更像是一种对话，是老子和喜欢《道德经》并且对之研究颇深的读者之间的一种对话。我希望读这本书的每个人都能感觉到彼此是处在同一个房间，而不是住在隔壁的邻居。

　　在书中我加入了自己的评论，但我尽量减少这部分出现在书中的频率。由于我对不同版本的选择可能会导致我的翻译与其他译本有出入，这一点我会尽量避免。毕竟《道德经》是世界上仅次于《圣经》和《薄伽梵歌》的被翻译最为广泛的典籍。

　　自从这本书的拉丁文版本于 1788 年问世，至今仅英文译本就已有 100 多种了。如果读者在译文中发现有不一致的地方，就会想着出版更多的译本。这一点不足为怪。

　　我之所以想要推出自己的译本，是因为大约 25 年前，我在台湾听了一次吴经熊教授的讲座。吴教授之前曾出版过一本非常棒的《道德经》英译本。那时他给中国文化学院哲学系的研究生上这堂课。为了能聆听吴教授的课程，我奔波往返于寺庙和学校之间。

　　我和其他五个同学每周一次列队从阳明山中山楼的警卫那里走过。为了表彰吴教授长久以来所做的贡献，台湾当局给吴教授在那里建了一座居所。除了翻译《道德经》，吴教授还翻译了《新约》。我们每周去教授家做客一次，与他品茶并讨论《道德经》的一两个段落。上课时，我尝试依照吴教授的双语版本翻译句子，但并没有坚持太久就放弃了。一个学期之后，这门课结束了。我搬到了位于台北市南部的一座小山上的寺庙居住，潜心钻研佛经教义。所以老子的书也被我搁置在了一边。但从那时开始，我一直在等待一个把那些积了厚厚一层灰的古代典籍拿出来的机会，也想重拾自己翻译的初心。

终于这个机会来到了我的面前。我在台湾和香港待了20多年后回到美国。当时正值70年代初，我在哥伦比亚大学攻读我的硕士学位。我记得当时比伦斯泰因教授引用杜博森教授的话说："当一个汉学家宣称要重新翻译《道德经》时，那么就是他隐退之日。"于是，我也就加入了隐退的行列。

我不知道杜博森教授会不会赞成我的决定。我想他所说的应该是对翻译《道德经》的决定的一种善意的批评。尽管《道德经》比较简短晦涩，但它蕴含的道理却通透明晰。

在过去的两年里，当我翻译这本书的时候脑海里总是会浮现一个画面：那就是我小时候住在爱达荷州时经常在附近的冰面上滑冰的场景。有时候冰面晶莹剔透，在上面滑冰就像是在星河中畅游。我能听到的唯一的声音就是那来自玄暗深处的"咔嚓……咔嚓……"的声音，在空中不断回响。我曾想象着，如果冰突然碎掉，我可能会到达宇宙的另一端吧。我经常随身带着冰锥以防万一。湖上的冰从未碎过，我耳边又传来了"咔嚓……咔嚓……"的声音。

赤松

华盛顿州，汤森港

猪年，第一季度，月末

附录3：闵福德《道德经》译本前言[①]

　　这部小册子是中国源远流长的道家宗教哲学奠基之作，西方称之为Taoism。道家有两千五百年的历史，我们通常将其与中国另一种主要传统哲学——儒家（西方称为Confucianism）的世俗意识形态进行对比。儒家的奠基之作是早期中国另外一部简要著作——《论语》。从广义上讲，在随后几百年的发展历程中，一方面儒家思想强调在家庭和社会中和谐的秩序、约定俗成的礼仪、精确的表述、明晰的职责以及日常生活中结构化的等级制度的必要性；另一方面，道家思想则强调内心的自由、冥想、个人的自我修养、顺从于大自然的节奏、原始的直觉以及探索人类和宇宙的奥妙、聆听"道"的无声音韵。

　　《道德经》与一个神秘人物——老子（Lao-tzu）有关。而《论语》可追溯到周游列国的孔子（前551—前479），书中包含其弟子所记录的奇闻轶事。孔子生活于春秋（约前771—前475）末期。彼时，周王室因"犬戎"蛮族的入侵而被迫于公元前771年东迁，中央权威开始受到侵蚀，而几个较小的国家则争夺权力。在王朝较为稳定的前期（西周，约前1046—前771），书面文化逐渐出现，并出现了诸如《易经》和《诗经》等形成性的

[①] 闵福德（John Minford，1946—　）：英国汉学家，以翻译中华文化典籍和经典文学作品著称，成绩斐然。闵福德（负责《红楼梦》后四十回翻译）与恩师霍克斯（David Hawkes）花了13年时间（1973—1986）将《红楼梦》翻译成英文。之后，闵福德分别花了12年和15年时间独自将《易经》（2014）和《聊斋志异》（2005）翻译出版。从这些成果中可以看到闵福德对待翻译的认真态度。而对于《道德经》，闵福德则花了近30年时间才将其翻译成英文，于2018年在纽约出版，成为迄今为止最新的《道德经》英译本之一。目前，《道德经》英译本达230种以上，而闵福德的《道德经》英译本无论是在底本选择、语言风格、结构编排、副文本的征用，还是对翻译策略的把握和阐释效果等方面都独具匠心，是多视域融合的一个典范。闵福德翻译的《道德经》既继承了英国汉学界译介中华典籍的传统，又有新的突破，具有重要的认识价值和跨文化研究价值。

前哲学汇编，其中《易经》包括六十四卦及其广泛而发人深省的预言，《诗经》包括早期民歌和王朝颂歌的曲目。这些文集最终被官方奉为儒家经典。在发展过程中，意识形态经历了种种曲折变化。与此同时，在南方楚国，萨满教诗人开始用一种不寻常的、不羁的声音唱歌，这种声音崇尚魔法、自然和超自然，个体渴望在情欲和神秘性上与神结合。这是中国抒情诗的萌发期。道家与这个柔和且具有异域情调的南方世界找到了契合点。因此，许多人认为道家思想起源于中国南方，而儒家思想则是在中原和北方发展起来的，尤其是齐国和鲁国（孔子的故乡）东部的山区，也就是现在的山东省。

两位圣人：老子和孔子

据说这两位圣人不止一次会面。老子比孔子年长。在后来的《庄子》一书中，有一个真伪不明的章节，以诙谐的道家幽默感来描述他们的相遇。

孔子到了五十一岁，仍然没有得道。后来他南下沛县去拜访老子。

"啊，你来了！"老子说，"我听说你来自北方，是一个品德高尚的贤者，你得到'道'了吗？"

"还没有。"孔子回答。

"你如何寻求'道'呢？"

"顺着规则和条例找寻。五年过去了，我仍未得到。"

"其他方式呢？"老子问。

"我在阴阳中找寻。12年过去了，却仍未得到。"

"如此自然达不到！"老子回答。"古之至人游荡于荒野中，在简朴的野地里汲取养分，不求收获，不索取。他们居于"无为"之下，获取简单的滋养。他们在逍遥中得到'道'。这就是他们的财富。"

孔子第二次拜访老子，询问关于仁义美德的事情。

老子回答说："眼睛被簸箕中的糠秕遮住的时候，天、地、四方都显得格格不入。蚊蝇的叮咬使人整夜难眠。同样，你这些所谓的美德，只会冲昏人的头脑。不如让世界'简''朴'地运转，让世界自由地随风而动，驻于内在力量之中。不要像追赶调皮的孩子那样东拉西扯，大张旗鼓。雪雁不需要每天洗澡来保持洁白，乌鸦不需要每日添墨来保持黑色……"

此次访问之后，孔子静思了三日。他的弟子们询问他：

"您见到老子时给了他什么建议？"

"最终，"孔子回答说，"我瞧见一条龙，这龙身姿盘绕，伸展着鳞片上的图案，乘着云雾之气，以最纯正的阴阳为食。我惊讶得张大了嘴。我怎么可能向这样的龙提建议？"

司马迁（约前145—前86），太史公，在《史记》中记载了一个类似的孔子与老子相遇的事情。

老子是南方楚国苦县厉乡曲仁里人，名为李聃，是周朝的官员。孔子去请教他关于"礼"的问题。老子对他说："你说的那些人早已和他们的骨头一起腐烂掉了，只有他们的话语幸存下来。当君子懂得与时俱进，他就会乘坐马车；当他跟不上步伐，就会迷乱自己的方向。就像最好的商人会把仓库藏起来，让人觉得他一无所有一样，真正的君子也会将充盈的内在力量藏在愚蠢的外表之下。脱离骄傲和欲望，放下花言巧语和色欲，否则的话这些只会给你带来伤害。以上就是我要说的。"

在辞别老子之后，孔子对他的弟子说："鸟儿飞，鱼儿游，动物跑。这些人们都知晓。凡是奔跑的，都能被困住；凡是游水的，都能被网住；凡是飞翔的，都能被箭射下来。但是，龙骑云上天——那就不是我所能理解的了。今天我见到老子，他就像一条龙！"

老子修道养德，提倡隐士的生活。他在周朝生活了很长时间。当周朝衰落疲敝时，他就愤然离开了。到达函谷关时，守关的尹喜对他说："先生要隐居了，我恳请先生为我写一本书！"随即老子写了一本书，分两部分，论述了道和德，共五千多字。然后他就离开了……无人知晓他究竟是谁，去向何方……他成了一个隐士。

这两种说法有许多不同之处，但共同点是：都将老子视为超凡脱俗，最吉祥、最强大的龙，都将他描绘为一个魅力非凡、伟大、法力无边、腾云驾雾的神仙。正如《易经》爻辞所说:"飞龙在天,利见大人。"

伟大的人就是龙。他积攒的阳气瞬时转变,获取全然自由。他可以毫不费力、畅通无阻地自由翱翔。轻轻一跃,自然而然循"道",仿佛"道"是上天的诏书。

百家争鸣

《论语》和《道德经》这两部经典表达出了复杂微妙的思想,使中国文学语言的连贯性和表达能力达到了全新水平。这两部著作很可能都是在战国(约前475—前221)动荡时期开始编纂的。这一时期,周朝开始疲敝解体,而位于中国西北部的秦国则在统一后实行严酷极权的统治。在这乱世中,中国各地出现了许多争论不休的思想流派,即所谓的百家争鸣。他们都是道的争鸣者,声称对个人和统治者、对生活和国家事务都有一个秘诀,一种方法或道。其中一个法家学派主张对政府采取严厉的极权主义统治,这也是秦始皇所遵循的统治原则。秦始皇是长城的建造者(当时的人们对这一工程怨声载道),(据说)他还下令烧掉书籍。同一时期的一部短篇作品《孙子兵法》是由另一个神秘人物,也是一位战略家——孙子所著。这是一部令人叹为观止的谋略之作,倡导策略技巧,其中巧妙运用了早期道家思想中贵柔尚和的格言。如:"用兵要学习流水之德:水避开高处,快速流低。战争则应避开强者,攻击弱者。水根据地况形成水流。战士则应根据敌人的动态,准备攻防。"

历史上的道家和儒家

孔子的思想由后来的两个儒家人物进一步发展,即孟子和荀子。他们的著作引起了持续的哲学论争。同样,道家另一宗师庄子和他的追随者都对《道德经》的主要思想进行了阐发。在汉代,儒家思想超越了道家思想,成为中国的主流国家意识形态,并保持了两千多年,虽然偶有中断。中国普众生活从此植根于儒家思想的戒律，受教育者都必须通过一系列关于儒家经典的考试。但是，道家思想仍持续蓬勃发展，每座山都有道观和隐士的隐居地，许多大师和流派的冥想修炼引导着修道者。实际上，道是中国文化中无处不在的暗流，后来与其他思想相融合，并催生了佛教的禅宗流派，深深影响了宋朝新儒学的复兴。

文艺

道家思想也渗透到中国的文学和艺术界。画家宗炳（375—443）抓住了道家的艺术灵感理想："圣人主张道，和谐对待万物……因此，居住于悠然之中，能够滋养其呼吸能量。饮尽酒杯，弹起古琴，展开画卷，静静地注视着风景。虽静坐，却游走于四境之外，不离自然，在孤独中回应荒野的召唤。悬崖和山峰高高耸立，茂密的树丛在云层中延伸到远方……天地所有喜悦都在精神和思想中汇聚。夫复何求？精神获得充分自由、自在无碍，这便是所有。还有什么比这更重要的呢？"

司空图（837—908）与大多中国历代作家一样，将所有文学创作的源头追溯到道，如《二十四诗品》中：

自然
俯拾即是，
不取诸邻。
俱道适往，
着手成春。
如逢花开，
如瞻岁新。
……
幽人空山，
……

薄言情晤，
悠悠天钧。
豪放
由道返气，
处得以狂。
天风浪浪，
海山苍苍，
……
前招三辰，
……

音乐也与"道"相结合，特别是用七弦琴演奏的音乐。

若要抚琴，必择静室高斋，或在层楼的上头，在林石的里面，或是山巅上，或是水涯上。再遇着那天地清和的时候，风清月朗，焚香静坐，心不外想，气血和平，才能与神和灵，与道合妙。

几百年来，许多中国士大夫会从衙门、官场回到私人住所，静心实践类似于"周末道家"的活动，或写写诗，或沉浸在书画中，或下棋弹琴，这些消遣都是为了将人道与天道融合。而这与儒家平日里严肃的公众形象也没有什么冲突。总之，对中国传统和现代、社会和文化的任何研究都需要把握儒家和道家的思想。

《道德经》的起源

《道德经》的源文本和作者仍是谜团。虽然该作品一直与老子的名字有关，但正如历史学家司马迁所述："无人知晓他究竟是谁，最后去向何方……他是一个隐士。"换句话说，老子是一位和无数中国风景画呈现的隐士那样，与大自然交流，在山水面前相形见绌。汉学家贺碧来（Isabelle Robinet）曾对该书进行了简短的描述（简短是因为依据太少）："人们认为这部著作是老子的作品。据说老子在离开中原去西域的时候把它交给了一个叫尹喜的守卫。学者们长期以来一直在争论其作者和生成的年代。还有些人认为这部作品不止有一个作者，有些人认为书中大部分内容起源于战国时期（前475—前221）的口传。"

亚瑟·韦利（Arthur Waley）（1889—1966）也有类似的观点：该作品的部分内容似乎源于早期的道家赞诗，来自他所谓的"早期道家韵文典藏"。刘殿爵（D. C. Lau）于1963年写道："这部作品是不止一个人编纂的文集。"我倾向于这种观点。从无可辩驳的考古发现中可以确定，这部经典之作的文本至少早在公元前4世纪末就存在了（几百年后的汉代时期出现了稍为不同的通行本或世俗本，分为81章）。在1973年和1993年，两个独立的出土墓葬中发掘了早期的副本。其中几乎完整的两本是写在丝帛上的，这可以追溯到公元前168年之前。1973年，在如今湖南省省会长沙市郊区的马王堆出土了战国时期楚国的一个侯爵墓。1993年在湖北省南部的郭店出土了另一个写在竹简上的副本，内容更加零散。该地靠近楚国的古都遗址。该书可追溯到公元前300年之前，是在一个身份较低的官墓中发现的，墓主人可能是一位司徒。由于我自己对该书的理解（以及因此而进行的翻译）主要是基于河上公和刘一明大师的注解，所以文本主要遵循他们的评述，偶尔也会参考在帛书本或竹简本中的差异。

不言之教

美言不信，多言数穷。节约用词是道的本质，道家主张践行不言之教。《道德经》开头即表明："道可道，非常道。"语言不足以传达道的奥秘，不足以传达更深层次的知识，即"无知"。

可言说的道并非真正的道。知者不言，言者不知。过多言语会造成不良影响。即"开口神气散，意动火工寒"。

然而，《道德经》的五千字却试图阐释言语之外的道理。直到今天，这也困扰着潜在的传道者（和翻译者或重述者）。最近出版的"道"字汇编读起来就像是这种困境的巧妙（甚至有些荒诞的）复刻。

把"道"比作过去、现在、将来事物的起源、整体和动力是不充分的，因为这种说法排除了过去、现在、未来都不存在的事物……从根本上，这是难以形容的。

虽然《道德经》的内容繁复，难以述说，但多年来已有数百万中国读者阅读，精神上的收获颇丰。至今，它仍是热门读本，人们一直认为该作品具有现实意义。2003 年，伟大学者余国藩写道："即使在灾难性冲突的阴影下，某些国家官员也继续争相吹嘘他们的领导能力与权力。在这一背景下，传播《道德经》的知识就显得更加迫切了。"《道德经》试图为不可命名的真理而命名，这是一次有力的尝试。《道德经》能够流传下来，是因为它对中国人的思维方式产生了深久的影响，塑造了人民的心智。

"道"

"道"这个字，是许多中国思想流派的来源。一个字面意思是"道"或"道路"。后来，人们通常倾向于将"道"解释为我们所说的艺术或基本原则，如音乐之道、茶道、绘画之道、书法之道、诗歌之道等等。另一个古老基本概念是"告诉"或"说"，用语言表达思想，有些类似早期西方哲学中的理念。因此，本书开篇双关语是：能用语言表达的"道"并非真正的"道"（道可道，非常道）。李约瑟（Joseph Needham）对这个字有独到的见解："道是自然秩序，生成万物，与其说是通过力量，不如说是通过一种时空的自然曲率来支配万物行为。这会使人联想到赫拉克利特（Heraclitus）的思想。"

德国汉学家卫礼贤（Richard Wilhelm）（在书中及注释风格中有大量体现）狂热地表示："道早于天地。人们无法知道它从何而来……它是独立的存在，亘古不变，永恒循环。道是天地的开端，换句话说，是时间与空间存在的开始。"

道士

道本身是不易讲述的,那我们能否至少形容道士、道的追随者是什么样的?道士的想法和行为、生活方式有哪些?可惜,正如这部作品本身的提示,察觉此类人十分困难。他们不在公共场合表明身份,光而不耀,基本上是隐姓埋名的。人们最多对他们有一个模糊的印象。

"古之善为士者,微妙玄通,深不可识。夫唯不可识,故强为之容:豫兮,若冬涉川;……涣兮,若冰之将释;敦兮,其若朴;旷兮,其若谷;浑兮,其若浊。"

信奉道家思想的人常常显得单调、缺乏特色。

我一个人孤苦伶仃,无精打采,无处可去,是个无家可归的穷乡下人。

道士会把他们的光隐藏起来,即"光而不耀"。

古语有云:"明道若昧;进道若退。"

"上士闻道,勤而行之;中士闻道,若存若亡;下士闻道,大笑之。不笑不足以为道。"

"不出户,知天下;不窥牖,见天道。其出弥远,其知弥少。是以圣人不行而知,不见而明,不为而成。"

德

道士难以被觉察和描述,而道本身也不可言喻,也是不可译的。但对于"道"的力量,也就是书名《道德经》中的第二个字"德",又该如何解释呢?用韦利的话说,它是一种"潜在力量,一种(古老意义上)固有的美德"。它是道士通过自我修炼获得的内在力量或法力,通过散发"德",道士可以潜移默化地影响天地中的人和事。荷兰学者戴闻达(Jan Duyvendak)(1889—1954)称其为"神奇的生命力,在'道'的天地共鸣和对应链中环环相扣"。道家能够调和这种生命力,其运作不需要特意维持。人们也将其描述为初生之力、不争之力、"无为"之力。每一个道家读者、每一个寻道的人，都积累了这种能量，人们能够在日常生活中感受到这种温和的力量来源。尽管典籍的教导往往是神秘的，但其应用却非常质朴实用。道家的真人或至人都很有幽默感，他们眼中闪烁着光芒，他们明白"治大国若烹小鲜"的道理。

《道德经》注解，明晰思想脉络

《道德经》的文本流传以来，无数注家试图明晰其中有意模糊的含义，以阐明"道"。其中一位是生活在18世纪的道士刘一明。我个人认为他的文本最有说服力。以下是他的注解的一个简短摘录：《道德经》的五千字给了我们关于起源、母亲的暗示，揭示了道的内在运转方式和精神奥秘。道的根基在于主张"一"，在于"无为"。道是柔和不争的。通过虚无且持久的平静，回归本源，回归简朴和纯真，回归真正的生命归宿，由此道家获得了生命的勃勃生机。道家的自我修养令天下万物井然有序。无论身份如何，这个真理都很重要：先求诸己而后求诸人，自我修养是根本所在。坚守、忘言，培养呼吸能量的能力，与自然本身和谐一体，平心静气。

历代注家注解《道德经》的角度各具特色，它们都是明晰《道德经》思想脉络的一个环节。我衷心希望读者能够通过我对文本及注释的翻译，在这些乍看之下难以理解、不言之教的道家学问中有所收获。

两位经典注家

要了解谷神，需要真正的老师指导。没有真正的老师，一切只会是徒劳的猜测，依然无法明白什么是谷神。

我这个新版本的《道德经》译本的主要老师和指导者是两位中国注家。他们相隔约两千年，都致力于将老子的教义应用于道家的自我修炼。第一位是河上公，他是与老子一样传奇的人物，关于他的传说值得一谈。

据说河上公生活在西汉第五代皇帝汉文帝（前203—前157）统治时

期。文帝非常推崇老子的《道德经》。他听说有一个叫河上公的隐士，就派使者去召见他，要求讲清经书中的某些晦涩之处。河上公坚持要在他的隐居地见到君主。最终文帝找到了他，发现他坐在黄河岸边的一间简陋的小屋里，文帝傲慢地要求大师指导。见状，大师先是一动不动地坐在原地，然后拍了拍手，升到一百多英尺的空中。他一直漂浮在半空中，最后向文帝讲了一串神秘的话语。文帝匍匐跪倒在地，这一次他乞求河上公开示。大师最终被文帝的谦逊和真诚所打动，将写在两个丝帛卷轴上的《道德经》注释送给他。他说："回去仔细阅读这个，你就能把所有的疑惑抛在脑后。从我第一次写这篇注释以来，已有好几百年了，而你只是第四个读者，不要向其他人透露一个字。"话音刚落，河上公便消失了。浓雾降临，将一切笼罩在黑暗中。皇帝知道他遇到了一个真人，一个"道"的完美化身。于是下令在河西的山上建造一个露台，希望能再次看到他。然而文帝再也没能见到他。但余下的日子里，他一直珍藏着河上公的注释作品。

　　我参考的第二位注家是刘一明（1734—1821），我在前文引用过他的话。看过我翻译的《易经》的读者应该对他很熟悉，我在《易经》的注释中摘录了很多内容。我称他为刘大师，他是全真派的宗师，号悟元子、素朴散人。他在其他领域也有许多成果。例如对明代小说《西游记》的注解。他是一位非同凡响的大师，在阅读《易经》和《道德经》的过程中，他将自己的人生感悟与道融合。十几岁时，他患了一场恶疾，好在一位道士帮助他恢复了健康，也转变了他的生活。此后，他开始在中国的偏远地区游荡，寻求"道"。22岁时，他在西北地区遇到了一位名为神社老人的道教隐士，开始学习内丹术，这是一种经过长期思考沉淀而来的自我修炼方法，是"一种开悟的技术，一种控制世界和自己的方法，一个和意识结合的过程"。而且内丹术在很多方面都具有惊人的现代性。经过多年的自我修炼和流浪，他遇到了另一位老师，做了各种各样的零工。后来，刘大师在山中隐居下来（他称其为"自在窝"），为所有来者提供道教教义和宏观生物医学建议。受道教启发，他创作了大量诗句。我发现这些诗句很容易让人联想到《红楼梦》第一章中道士吟唱的"好了歌"（毕竟刘大师与《红楼梦》

作者曹雪芹几乎在同一时代）："世人都晓神仙好，唯有功名忘不了！古今将相在何方？荒冢一堆草没了。"

我们很容易把刘大师想象成小说最后一章中主人公贾宝玉光头赤脚的形象，在雪地里徘徊，吟诵道："我所居兮，青埂之峰；我所游兮，鸿蒙太空。谁与我游兮，吾谁与从？渺渺茫茫兮，归彼大荒！"

刘一明大师写了两本《道德经》的注释，一本是长篇的（《道德经会义》），内容相当丰富。另一本比较简短（《道德经要义》），方便那些觉得长篇太复杂的读者。我参考了这两部作品，将其完整译出再自由融合到一起。

我大幅简化了这两部注解（其中有大量的重复），以避免不必要的重复，并减去了炼金术专业术语，这也形成了此书的特有之处。我所介绍的基本上是我个人对他们的道教漫谈的浓缩，以期阐明原文的中心思想，在现代也具意义和相关性。

韵

瑞典语言学家高本汉（Bernhard Karlgren）指出，如果按照重建的古汉语音标来读的话，《道德经》的中文文本有四分之三是押韵的。这代表一种潜在的共鸣，便于记忆，易于诵读。以第六章"谷神"为例，现代汉语中，可以部分察觉到这个韵律，不过古老发音（方括号中的近似值）的韵律更加明显：

谷神不死 [si]

是谓玄牝 [bj'i]

玄牝之门 [muen]

是谓天地根 [ken]

绵绵若存 [dz'uen]

用之不勤 [gien]

我的版本没有采取押韵的翻译，但力求简洁，选择简单的词汇，通常大写道家术语。我用短中心线分割了主要行文，旨在复现原文的诗意和箴言的质感。追求这种质感，会给译者带来挑战与激励，毕竟诗歌的音韵能促进我们理解原文难以言喻的关键点。正如韦利（Waley）写道："它在空隙里甩出一根丝线，清醒的人都不会去踩……它的内在力量令人陶醉，人们变得鲁莽，在鸿沟里乱舞，头脑眩晕，迷乱了方向。"我需要更强大的天赋来重现这些汉语诗句的古老诗性力量，来捕捉隐藏于事物之下的珍贵鲜活的灵魂，把握、实现事物的本质。

意象和主题

《道德经》通过极具感染力的符号和意象来象征事物，并围绕"不言之教"形成道教的主题。这些主题是道教教义的临时名称（名可名，非恒名）。它们构成了心灵各阶段的连锁代码，是自我修养中"存在与智慧的结合"。所有意象和主题都是相互联系的，构成了一个有机的思想体系。理解一角就能理解全部。例如，如果不了解相关的"无为"和"不争"主题，就很难理解"水"在"道"中的主要象征意义，反之亦然。该书以一种直观、诗意、非逻辑、曲折、屡次重复、时而断续的方式进行。为了帮助刚接触道家思维方式的读者，并说明书中的某些关键意象和主题，我从原文和注释中归纳了一些术语，附在我译文末尾的"道家集锦"部分。

道在现代世界

1968 年，披头士乐队录制了乔治·哈里森（George Harrison）的经典歌曲《内在之光》（The Inner Light），将其作为《麦当娜女士》（Lady Madonna）歌曲专辑的 B 面发行。哈里森（George Harrison）的歌词是对《道德经》第四十七章的简单变奏。同样，他 1970 年的歌曲《一切都会过去》（All Things Must Pass）也源于《道德经》。他们的灵感来自对 LSD

致幻药大师——蒂莫西利里（Timothy Leary）1966年出版的《迷幻祈祷》（*Psychedelic Prayers after the Tao Te Ching*）一书，最后回归《道德经》第二十三章："飘风不终朝，骤雨不终日。"

换句话说，时至今日，"道"仍然活跃着。它不断以各种形式重塑，吸引着西方思维，对许多学者产生了深远影响，例如心理专家卡尔·荣格（Carl Jung）、小说家赫曼·赫塞（Hermann Hesse）、阿伦·瓦茨（Alan Watts）、加里·斯奈德（Gary Snyder）、垮掉的一代（Beat Generation）以及幻想作家厄休拉·勒古恩（Ursula K. Le Guin）等人。"道"还出现在一些令人意想不到的地方，如本杰明·霍夫（Benjamin Hoff）的《小熊维尼之道》。

正如美国著名的汉学家恒慕义（Arthur W. Hummel）（1884—1975）在1962年所写：这本经书在人类发展初期出现，如今依旧有醍醐灌顶的效果。李约瑟（Joseph Needham）指出："道家思想是跨越时空的纲领。"

前期译本

我的这个版本是西方翻译史上的最新版。最早的译本是一位耶稣会士未发表的拉丁文手稿，于1788年作为礼物赠给伦敦皇家学会。在这一漫长的早期阶段，人们十分倾向将中国经文看作是神授的，认为这些经文是基督教主用中文传达的话语。因此，18世纪的耶稣会士们认为《易经》是失传的《圣经》，这一误解在当时十分普遍。17世纪，两位耶稣会士：柏应理（Philippe Couplet）（1622—1693）和李明（Louis le Comte）（1655—1728）都声称在《道德经》中找到了"圣三一"的参考，即第四十二章：

道生一。
一生二。
二生三。
三生万物。

他们以同样的思维解读了第十四章:"此三者不可致诘,故混而为一。"

这些误读一直持续到 19 世纪。法兰西学院的首位汉学教授雷慕沙(Jean-Pierre Abel-Rémusat)(1788—1832),在他对第十四章的评述中指出有三个汉字最初是希伯来语:

视而不见
名曰夷
听之不闻
名曰希
搏之不得
名曰微

他表示夷(译为微妙)、希(微弱的)、微(难以捉摸的),这三个词是汉语里外来声音的标志,似乎与希伯来语的四字神明相同;能够在一部中文作品里找到四字神明的准确转写,这实在引人瞩目。我深知这三个字的翻译难度,我自己的版本也只是近似的译文,但至少是基于汉字本身寓意的。而且有一点我很确定:这些词与耶和华没有任何关联。就像《易经》与失传的《圣经》无关一样!不过,这种将"道"基督教化的倾向早已不复存在了。多年之后,研究《旧约》的德国学者于连·戈利尔(Julius Grill)(1840—1930)声称《新约》和《道德经》存在不少于 80 处的相似。这激励了他对老子和《道德经》的推崇:"老子的时代刚刚开始;他不仅是一个古人,不仅是一个名字,而且代表着当下和未来的力量。他比前沿更前沿,比活着的人更生动。"

光明由东方而来!到了 19 世纪的最后几十年,西方思想家逐渐有一种信仰:真正的智慧,更明亮的光,更深邃的灵性——来自东方。1884 年移居美国的德国学者卡鲁斯(Paul Carus)(1852—1919)是第一批从普遍一元论的角度(以双语形式)直接翻译道家经典的人之一。这种哲学信仰认为所有客观事物都有基本的统一性。这种趋势一直持续到 20 世纪,一些用心良苦的道家思想追随者和自由作家们将《道德经》（大多为他人翻译的版本）作为他们创作的基石。

"道"的西方之声

西方低调的翻译家们是如何阐述"道"和《道德经》基本信息的？韦利（Arthur Waley）是中国诗歌和中国神秘主义思想的优秀翻译家和注家之一，其1935年的译本导言以庄子的一句简短调侃作为结尾。

根据道家的说法，灵魂是被日常劳作和干扰的沉积所淤塞的。而道家自我修炼者通过这些层级达到"人之初，性本善"的境界……通过意识层面回到纯意识。为满足普通上层意识的需求而创造的语言，已经不再适用了。做到这一步的人能够"进入鸟笼而不惊鸟"。

近来，杰出的哲学家和翻译家葛瑞汉（Angus Graham）（1919—1991）点出了道家的一些基本要素："道家放松身体，平静心灵，不受惯势控制，释放思想，不拘于选择，让问题随其倾向性自然解决，这就是道。"深层次是神秘的，浅层次可以将自我修养作为一种手段，比如让中国的摔跤手、加利福尼亚的商人运用冥想以提高效率，达到放松、镇定、促进创造性、加快反应速度的目的。

葛瑞汉（Graham）还认为，在理解或翻译经典作品及其哲学方面存在一些固有的困难。

《道德经》以其玄妙、难以捉摸的人生哲学，通过箴言和寓言的方式引导人们走向"道"。它是一个具有无限潜能的文本，可从多角度解读，也有全然的误读。

用韦利（Waley）的话说，这是一个充满"对他人格言矛盾糅合"的文本，具有"警示性和深刻性"。"中国文学不分时态，《道德经》也和所有中国古典诗歌一样，不拘于时，永恒流传。《道德经》每句话都是古今适用的哲理。"

适于灵读的版本

1945 年，德国汉学家叶乃度（Eduard Erkes）写到，他希望帮助读者实际使用这本书，作为"冥想和道教生活的指南"。这也是我的宗旨。在这个意义上，我与卡鲁斯（Paul Carus）、卫礼贤（Richard Wilhelm）和韦利（Arthur Waley）为伍，但这也是适合中国读者的方向。在中国，《道德经》一直被当作"神圣的文本，像所有经典一样，需要与冥想、仪式结合起来诵读，以达到驱魔和治疗的效果"。

因此，我的版本不是为学者或知识分子准备的，而是为了缓慢的冥想阅读，这是一种中国式灵读（Lectio Sinica）的形式，是本笃会修道院传统的圣言诵读/神圣阅读方式。灵读时，僧侣或修女会坐在经文旁，专心致志地阅读，并进行反思，直到某个词、短语或场景打动了想象力或心灵。在那一刻，读者会暂将文本放在一边，成为一名祈祷者。祈祷的停顿可能持续不到一分钟，也可能延长到数分钟。当注意力不集中时，读者会回到文本中，直到另一个洞察力的时刻或另一个激励情感的因素出现。读书和停顿的节奏会平静地继续下去，不急不躁，直到钟声宣布下一个修道日的练习。

上述文章的作者查尔斯·卡明斯（Charles Cummings），是一位熙笃会的修士。他感叹说："当今，许多人已对阅读丧失了兴趣，被越来越新奇、复杂的视听交流媒体设备所取代。"我完全同意此观点。两千多年前的老子立场也是如此："人多利器，国家滋昏；人多伎巧，奇物滋起……故圣人云：我'无为'。"

"使民复结绳而用之。"刘一明对此进行了阐述。人们在自然中、在自我的存在中、在共鸣中找到平静，就像远古结绳记事的自然状态一样。

2016 年 12 月，我初次接触到缓慢冥想阅读的传统，当时我居住于罗马亚文丁山的圣安生本笃学院。那时我正在对这一译本进行第四次修订，学院回廊的气氛、修道院仪式的平静和有序节奏（包括在食堂吃早餐时的静默）、晚祷时由聚集在大教堂的僧侣们唱出的嘹亮的格里高利平颂，在我写作时不知不觉与文字融为一体。

日常生活的指南

因此，我的译本可能不适用于对这部典籍进行知识性或文本性解读的人。50多年前，我在牛津大学读本科，我的导师——伊恩·麦克莫兰（Ian McMorran）十分和蔼可亲，在他的帮助下，我开始研究这部作品。当时导师就建议我，不要只把这本书当作文本批评的学术练习来阅读。因而我对导师感激万分。我清楚地记得他载着我到了库姆那村，他的汽车仪表盘上牢牢地贴着"无为"这两个汉字。他早早就向我介绍了韦利（Waley）和戴闻达（Duyvendak）的成果，我的注解也引进了这二位学者的观点。五年多以前，在纽约维京出版社约翰·西西里亚诺（John Siciliano）的建议下，我开始编写自己的版本。首要任务仍然是传达这本书作为日常生活指南的价值。柳存仁（1917—2009）是我的师友，他本人就是一个道教徒，十分了解道教历史。他晚年的谈话中总是强调两件事：（1）道教的核心是对"真"与"假"的简单认知；（2）道教的主要价值观并不深奥，反而很简单，就是帮助人们过上更好、更善、更温和的生活。我一直忠实于他的教导。

原文有许多令人疑惑的语句，我无法假装自己全然了解每一句的含义。但在河上公和刘大师的指导下，我尝试着遵循自己的理解，而不是直接创作一系列不确定的解读或误读。也许这种系列会很有趣，有点像温伯格（Eliot Weinberger）和帕斯（Octavio Paz）的《王维》的不同版选集，但这并非我本意。

在我的正文中首先穿插了河上公和刘一明大师的想法，之后也有其他人的观点。我以一首中国诗歌或一篇文学论文的摘要作为每一章的末尾。道家的主题与中国文学密切相关，在我看来，要揭示这些主题，运用一些诗句比说明性或谚语性的散文更加有效。与某些晦涩难懂的原文相比，我所摘选的这些诗较通俗些，也许看起来与前面的章节没有什么联系，但读者能从这些诗句中领悟到道家思想的另一个角度（道教所有的角度都是相连的)。我自己最喜欢的道教生活方式的典范,主要是中世纪的"中国嬉皮士"——竹林七贤的嵇康、刘伶和阮籍。

谷神不死

道家的一个基本观念是:简朴会带来更好、更健康的生活,进一步说,可以活得更久,可以与他人、自然、其他生命的本质达到一种更柔和、更温润、更亲切、更慷慨的和谐。用韦利(Arthur Waley)的话说,这条道路或"道"的第一步是"与天地基本规律和谐相处,而不是反其道而行之"。要实现这一点,源于思维方式的改变,心胸应更广阔开放。正如刘大师所言,它来自人类心智向道的转变。恒慕义(Hummel)是这样描述这部经典作品的:它处处挑战着我们的固有思维,使我们看到了生活更多潜在的可能性,加强了我们的思维延展性。虽然这个译本有许多不足之处,但我仍希望读者能通过灵读(Lectio Sinica)的方式,在某种程度上体悟到这一典籍及注释者的剧烈的思想变化。

我个人最喜欢第六章的句子:

谷神不死,
是谓玄牝。
玄牝之门,
是谓天地根。

刘一明大师的注解为:

玄牝之门,生天生地生人物。
天地之正中,虚悬一穴,开阖有时,动静自然。
先天气,是灵根,大道不离玄牝门。